COLLECTION
FOLIO CLASSIQUE

Edmond Rostand

Cyrano
de Bergerac

Édition présentée, établie et annotée
par Patrick Besnier
Professeur à l'Université du Maine

Gallimard

PRÉFACE

À plus d'un titre singulier, le succès de Cyrano
de Bergerac *a fini par masquer la réalité de
l'œuvre : on ne peut pas lire un mythe comme une
pièce. Très tôt, en fait dès la création, à travers
Cyrano c'est d'autre chose que l'on a parlé : d'un
événement national, d'une œuvre patriotique, par
exemple, à laquelle Félix Faure, président de la
République, vint assister en famille, le 6 janvier
1898, dix jours après la première. Il faut pour
comprendre ces fortes ambiguïtés replacer la personnalité de Rostand et sa pièce dans l'activité
théâtrale de l'époque.*

*Brillante, tumultueuse, la figure de Sarah Bern-
hardt donne une juste image de la puissance et de la
vitalité du monde théâtral parisien : elle en est le
symbole. Lorsqu'en décembre 1896, un an avant
Cyrano, auteurs célèbres et critiques donnèrent une
fête fastueuse en l'honneur de la « grande Sarah »,
c'est eux-mêmes au fond qu'ils célébraient.*

Quels spectacles voisinaient avec Cyrano *sur les affiches ? Des pièces nouvelles témoignaient d'une volonté marquée de « théâtre social » : chez Antoine,* Le Repas du lion, *de François de Curel, analyse le drame d'un jeune homme qui, fils d'un grand industriel capitaliste, se trouve tenté par le socialisme chrétien ; mais la révolte s'avère inutile et impossible ; tandis que dans* Les Mauvais Bergers, *Octave Mirbeau conte l'histoire d'une grève, pleine de violence et de fureur : misère des ouvriers, intolérance du patron ; l'usine est incendiée et la troupe tire sur les grévistes. Plus que d'œuvres proprement « engagées », il s'agit d'un théâtre d'idées, destiné à poser de grandes questions et joué par des acteurs célèbres : De Max, pour la pièce de Curel, Sarah Bernhardt et Lucien Guitry pour Mirbeau.*

À côté de cette voie réaliste se poursuit l'exploration d'une veine poétique et symboliste, qui fut la nouveauté essentielle des années 1890-1895. Après le scandaleux Ubu roi *de 1896, Lugné-Poe élargit au théâtre de l'Œuvre son répertoire d'auteurs étrangers, russes et scandinaves, principalement Ibsen. Un mois après* Les Mauvais Bergers, *toujours à son théâtre de la Renaissance, Sarah Bernhardt crée un drame de Gabriele D'Annunzio,* La Ville morte, *où se marient la mythologie antique et le monde moderne.*

Ces deux directions — théâtre d'« idées », théâtre

poétique — parviennent sans doute en 1897 à un tournant : ceux qui en avaient été les animateurs, Antoine et Lugné-Poe, créateurs d'un théâtre moderne par le choix des œuvres et le travail de mise en scène, ont alors derrière eux leurs plus grandes années ; leur recherche d'avant-garde se voit vulgarisée et quelque peu affadie en des entreprises destinées au grand public.

Fleurit toujours, multiple, la tradition d'un théâtre boulevardier : comédies psychologiques élégantes de Maurice Donnay ou Abel Hermant, vaudevilles (au moment de Cyrano, *on reprend* L'Hôtel du libre-échange *de Feydeau), mais aussi des genres populaires : grands spectacles (*Le Tour du monde en quatre-vingts jours *au Châtelet), mélodrames et pièces historiques, dont de grands classiques sont à l'affiche :* La Closerie des genêts *de Frédéric Soulié,* La Jeunesse de Louis XIV *d'Alexandre Dumas.*

Triomphe aussi, mariant le faste et l'excès, l'opéra, sous la forme passablement alourdie et abâtardie du grand opéra français fin de siècle, tel qu'en produisent Saint-Saëns ou Massenet. Sur bien des points, Cyrano *en reproduit la structure : rien d'étonnant à ce qu'il ait inspiré au moins trois musiciens.*

Ce tableau, très schématique, montre un certain nombre de cloisonnements sociaux ou esthétiques entre les différents types de théâtre. L'étonnante réussite de Cyrano *vint de ce que, sans prévenir, peut-être sans savoir, Rostand mêlait et réconciliait tout cela, hormis la catégorie réaliste : une pièce historique, dans le style de « cape et d'épée » ; le drame en vers, forme apparemment moribonde héritée du romantisme ; des ambitions qu'on dirait aujourd'hui « culturelles » ; pour interprète, l'un des très grands acteurs du temps ; et une salle populaire, la Porte Saint-Martin. Le résultat était souvent contradictoire ; on y vit le retour de Victor Hugo et la promesse d'un nouvel âge d'or. On cria au génie : Rostand, qui se savait du talent, mais pas davantage, se trouva comme blessé, déséquilibré d'une pareille méprise. On peut dire qu'il ne se remit jamais du triomphe de* Cyrano.

Sa personnalité, sa carrière avant Cyrano *expliquent sa réaction négative en profondeur. Jeune (il n'avait pas trente ans), créateur jusque-là plutôt abondant, sa prompte métamorphose en héros national (*Cyrano *lui valut aussitôt la Légion d'honneur !) et en rédempteur du théâtre français le voua comme à la stérilité : il ne donna plus ensuite que* L'Aiglon, *opéra morbide, hymne à l'impuissance et à l'autodestruction, puis* Chantecler, *dont la principale vertu est d'être injouable : ces œuvres d'ailleurs remarquables signifiaient discrètement, mais clairement, le refus d'accepter le rôle échu au lendemain de* Cyrano.

Mais qui s'en aperçut ? Rostand joua le jeu social sans le dénoncer ouvertement ; la distance qu'il y mit demeura presque insaisissable. On connaît ses portraits, photos ou caricatures : le monocle, la très fine moustache, une calvitie précoce dessinaient une allure un peu arrogante ; une élégance constante et recherchée, devenue légendaire, y ajoutait encore. Cette morgue apparente, cette distance qu'on pourrait d'abord croire nées de l'orgueil ou du mépris, il faut plutôt les comprendre comme la crispation d'un « Quand même ! », le souci douloureux de faire face au moins le temps de la pose — à ce personnage qu'il fallait jouer : l'auteur de Cyrano *!*

La maladie, pulmonaire, et surtout psychologique, qui le tint à peu près constamment éloigné de Paris après 1900, trahit ce malaise : l'angoisse d'être acculé, condamné à un succès toujours plus grand ; le sentiment d'être surestimé par les uns, qui le traitent en nouvel Hugo, et injustement injurié par les autres qui l'accusent de « bluff »[1]*. Son premier titre chantait les musardises ; la gloire empêcha Rostand de musarder.*

Il y eut méprise. A-t-elle cessé ? Le « vrai » Rostand demeure difficile à saisir. Par ses tics, ses faiblesses, ses réussites, il appartient à un univers très délimité, cette fin de siècle *qui fut mélange de*

---

1. Voir le pamphlet de Jehan-Rictus : *Un « bluff » littéraire : le cas Edmond Rostand*, Sevin et Rey, 1903.

*mondanité et de littérature, d'art et de salons. Il
est de la galerie où Sarah, D'Annunzio, Loti, Massenet jouaient à s'éblouir et à fasciner. Épanouis-
sement posthume d'un romantisme décadent où, de
l'excès même, germait un art nouveau : il s'épa-
nouira dans de grandes demeures rêvées, théâtres
déjà, intérieurs délirants de Loti ou de Sarah.
Comme D'Annunzio dans le somptueux Vittoriale,
Rostand voudra matérialiser sa folie verbale : ce
furent les splendeurs d'Arnaga, sa maison de
Cambo.*

*Il ne pouvait s'accomplir que dans cette dimen-
sion de l'excès, du pastiche, dans le trop-plein de
sens, la surcharge ornementale : dans un style qui
efface même le style, l'identité. Cette écriture
miroir qui reflète, dans* Cyrano *comme dans les
autres œuvres, tant de siècles, de noms, de rappro-
chements, de réminiscences, de citations, avouées
ou non, cette écriture témoigne à chaque instant
d'une volonté de fuite, d'un désir d'anachronisme
et de disparition.*

*Ainsi, pourrait-on dire, Rostand cherchait à ne
pas exister. Il en vint, après* Chantecler, *à longue-
ment hésiter entre un* Don Quichotte *et un* Faust
— pour finalement écrire un Don Juan[1], *disparais-
sant derrière les autres, Cervantès ou Goethe,
comme derrière Napoléon s'efface l'Aiglon.*

---

1. *La Dernière Nuit de Don Juan*, posthume.

Avant Cyrano *et ses conséquences paradoxales, la carrière de Rostand s'était déroulée le plus classiquement du monde, comme l'apprentissage d'un auteur à succès.*

Né en 1868 à Marseille, il appartenait à une famille de la bourgeoisie cultivée : son père, grand spécialiste des questions sociales (sur quoi il publia abondamment), donna plusieurs volumes de poésie et une traduction de Catulle ; son oncle, banquier, était aussi compositeur. Le salon Rostand, très fréquenté, eut parfois Mistral pour hôte.

Brillant élève, enfant solitaire et silencieux, Edmond Rostand rêva tôt de littérature. Sans abuser des anecdotes montrant rétrospectivement le nez de Cyrano poindre sur tous les visages (celui, par exemple, d'un « pion » du lycée surnommé Pifluisant excitant l'ironie des élèves et à qui seront consacrés trois poèmes des Musardises*), on mentionnera deux faits : un précoce goût du théâtre, attesté par les marionnettes qu'il construisait et animait dès sa douzième année ; la révélation, en classe de seconde, par le professeur de français du chapitre de Théophile Gautier consacré à Cyrano de Bergerac*[1]*. Les études terminées (à Paris, au collège Stanislas), il passa, concession aux vœux paternels, une licence en droit qui ne le détourna*

---

1. Voir les extraits que nous en donnons, p. 438.

*évidemment pas de l'essentiel : la littérature. Mais
une singularité apparaît, que Rostand conservera :
il ne rejoignit aucun groupe, aucune revue, ne
signa aucun manifeste. Le seul salon un peu littéraire qu'il fréquenta fut celui de Leconte de Lisle ;
mais c'était pour y retrouver une jeune fille, Rosemonde Gérard, qui fut bientôt sa fiancée.*

*En 1887, il emporta le premier prix au concours
de l'Académie de Marseille, sur un thème pour le
moins contrasté : « Deux romanciers de Provence : Honoré d'Urfé et Émile Zola. » Contre le
naturaliste contemporain, Rostand fit l'éloge de
l'auteur de* L'Astrée, *de cet univers précieux qu'il
mit en scène, dix ans après, dans* Cyrano, *à travers
le personnage de Roxane. Ses débuts au théâtre
connurent moins de succès : un vaudeville,* Le
Gant rouge, *échoua en 1889, et ne fut jamais repris
ni publié ; sans doute l'amour joua-t-il quelque
rôle dans la création de ce* Gant *que nul ne releva,
car il était écrit en collaboration avec le demi-
frère de Rosemonde, Henry Lee.*

*La véritable entrée de Rostand en littérature eut
plutôt lieu en 1890, lorsque parurent chez Lemerre,
à compte d'auteur,* Les Musardises. *Ce recueil
donne d'emblée la tonalité qui domine l'œuvre
entière par la suite : fantaisie, virtuosité, goût du
détail, avec une propension, parfois, au bavar-
dage. Vente à peu près nulle, bien sûr, mais le
volume reçut plusieurs critiques favorables, dont*

celle d'*Émile Faguet dans le* Journal des Débats, *et obtint vite une petite consécration : Chabrier mit en musique trois de ces poèmes, dont les célèbres* Pastorale des cochons roses *et* Ballade des gros dindons.

La même année, Rostand épousa Rosemonde Gérard, descendante du maréchal d'Empire à la mémoire duquel il dédia L'Aiglon.

Restait la conquête du théâtre, plus difficile que la poésie, le compte d'auteur ne s'y pratiquant guère. Entre de nombreux projets — il en fut toujours submergé —, épaulé par Maurice de Féraudy, sociétaire influent, Rostand proposa un acte, Les Deux Pierrots, *à la Comédie-Française, qui le refusa : trop de Pierrots banvillesques hantaient déjà les scènes en lever de rideau. Deux ans plus tard, il revint, soutenu cette fois par Le Bargy, avec* Les Romanesques, *comédie en trois actes : elle fut reçue, et créée avec succès le 21 mai 1894.*

Variation brillante sur le thème de Roméo et Juliette, Les Romanesques *représentent l'intrusion du vaudeville dans le drame shakespearien : le retournement surprend et amuse, tandis que la préciosité d'une atmosphère entre Banville et Verlaine est portée, sauvée de l'artificiel par la verve et la jubilation.*

Son nom n'est plus inconnu dans le monde théâtral : le succès autorise Rostand à proposer une pièce à Sarah Bernhardt. Au printemps 1894, il lui lit La Princesse lointaine, *elle est conquise. Elle va contribuer à lancer Rostand dans le monde, à lui assurer de plus larges succès ; mais elle lui devra beaucoup en retour : il aidera à façonner la dernière partie d'une longue carrière.*

Une distribution superbe (autour de Sarah, Lucien Guitry et De Max), un grand luxe de décors et costumes (pour l'héroïne, une bague dessinée par Lalique), un thème et un texte dans le pur goût symboliste alors à la mode n'évitèrent pas un demi-échec : trente représentations. S'inspirant des travaux historiques alors récents de Gaston Paris, Rostand traite pourtant avec bonheur de la rencontre de l'univers byzantin avec Tristan et Isolde (ici, Jauffré Rudel et Mélissinde, soutenus de fortes réminiscences wagnériennes). Sarah, ex-Théodora (le rôle de Sardou où elle triomphait depuis 1884), trouvait une nouvelle jeunesse dans un autre personnage de princesse d'Orient. Mais, si authentiquement historique que fût le nom de Mélissinde, il rappelait surtout, comme celui d'Orismonde, sa suivante, les héroïnes de Maeterlinck : Pelléas et Mélisande *datait de 1892 (et Debussy pensa un moment mettre* La Princesse lointaine *en musique...).*

Le peu de succès et un considérable déficit de deux cent mille francs ne découragèrent pas Sarah ; elle croyait au talent de « son » poète, savait qu'ensemble ils triompheraient. Sans être encore l'apo-

théose espérée (elle viendra en 1900 avec L'Aiglon*),* La Samaritaine *connaît le succès. Rostand y joue avec le mysticisme ambigu qu'aime à cultiver la fin de siècle : Sarah en pécheresse repentante prolonge une vogue marquée entre autres par la* Thaïs *d'Anatole France (1890), amplifiée par l'opéra qu'en tira Massenet en 1894. La mode de la courtisane prise entre la chair et un Dieu tendre est telle que Pierre Louÿs ironise, dans la préface de son* Aphrodite, *en 1896, un an avant* La Samaritaine :*

« *Le personnage féminin qui occupe la première place dans le roman qu'on va feuilleter est une courtisane antique : mais que le lecteur se rassure : elle ne se convertira pas. Elle ne sera aimée ni par un moine, ni par un prophète, ni par un dieu. Dans la littérature actuelle, c'est une originalité.* »

Au moment où La Samaritaine *est créée, le 14 avril 1897, mercredi saint, la Porte Saint-Martin, qui jouera* Cyrano *à la fin de l'année, affiche une* Passion *par Edmond Haraucourt et les salons de la Rose-Croix proposent une peinture « mystique ». Que son Christ participe d'un goût fin de siècle Rostand ne s'en défend pas ; ne s'amuse-t-il pas à déclarer à un journaliste, parlant de sa pièce :* « *Imaginez-vous Liane de Pougy allant au Bois, rencontrant le Christ et revenant à Paris, subitement, n'ayant plus qu'un désir, qu'une folie,*

évangéliser ses compatriotes[1] *!» Bientôt, roman,*
théâtre, opéra, Quo Vadis *s'emparera de Paris.*
Mais, surtout, La Samaritaine, *par sa forme et ses*
ambitions, annonce, lointainement, l'œuvre insai-
sissable et scandaleuse qu'en 1912 donneront
D'Annunzio et Debussy, Le Martyre de saint
Sébastien.

Enfin Cyrano *vint. Paradoxalement, Sarah n'en*
était pas, même si, par la suite, elle joua parfois
Roxane et un soir, dit-on, le rôle de Cyrano. Elle
n'était cependant pas entièrement étrangère à
l'origine de l'œuvre, puisque c'est au cours des
représentations de La Princesse lointaine *que Ros-*
tand lia connaissance avec celui qui lui inspira, lui
commanda presque, Cyrano *:* Coquelin. *Il faut ici*
présenter cette figure décisive.

C'était l'un des très grands acteurs de l'époque.
Alors en fin de carrière, il trouva grâce à Rostand un
rôle qui le porta véritablement à s'accomplir.
Coquelin avait passé à la Comédie-Française la
majeure partie de sa vie d'acteur : entré à dix-neuf
ans, en 1860, très vite il en devint sociétaire, en
1864. Tempérament essentiellement brillant et
comique, il joua les «grandes livrées» : Figaro,
Scapin, dom César de Bazan, créant aussi des
œuvres de Banville (Gringoire), *Dumas fils* (L'Étran-

1. Cité par L. Haugmard, *Edmond Rostand*, Sansot, 1910,
p. 19.

gère) *ou Pailleron* (Le Monde où l'on s'ennuie).
*Après vingt-cinq ans, il quitta la Comédie-Française
de 1887 à 1889 pour des tournées étrangères, puis y
revint créer deux rôles — dans le* Thermidor *de Sardou et* La Mégère apprivoisée — *avant de repartir
brutalement, en 1892, au prix d'un procès. Sur les
boulevards, chez Sarah Bernhardt ou à la Porte
Saint-Martin, il fit alors surtout des reprises, restant
en quête d'un rôle qui lui permît de s'épanouir et de
se renouveler. C'est à ce moment que, son fils jouant
dans* La Princesse lointaine, *Coquelin passant à la
Renaissance y rencontra Rostand ; comme ils parlaient du rôle de Mélissinde, l'acteur demanda au
poète : «Ne m'écrivez-vous pas un rôle, à moi
aussi ?»*

*Rostand construisit un personnage sur mesure,
tenant compte des possibilités virtuoses de Coquelin — le brillant, la verve, l'art de varier les plus
longues tirades — mais également de ses faiblesses : Coquelin n'aimait pas les scènes d'amour ;
on voit au troisième acte comment Rostand se plut
à jouer de cette lacune. Comme pour les pièces
écrites pour Sarah, il s'agit en fait d'une authentique collaboration. L'interprète voulait toujours
plus d'éclat, plus de texte, et finit par s'attribuer
même des passages destinés à d'autres personnages (ainsi, à l'acte IV, de la présentation des
Cadets de Gascogne prévue pour Carbon de Castel-Jaloux).*

Ce héros, Coquelin avant d'être Cyrano, Rostand le plaça dans un monde qu'il aimait et connaissait depuis longtemps : le Paris de Louis XIII et de la préciosité, avec son envers réaliste, l'univers des « Grotesques » chers à Théophile Gautier. C'est aussi le Paris des Trois Mousquetaires *: l'esprit des deux œuvres est exactement semblable, comme leur rapport à l'histoire ; et Cyrano n'est-il pas un mélange des trois, voire des quatre, mousquetaires ? En hommage, Rostand fait d'ailleurs traverser la scène à d'Artagnan.*

Mais pourquoi choisit-il précisément Cyrano, plutôt que tel autre de ses contemporains ? Béatrix Dussane soutenait que Rostand avait trouvé dans le nez fameux un moyen de corriger (par quel excès magnifique !) le profil camard de son interprète[1]. La raison ne paraît pourtant pas déterminante : il y avait près de quarante ans que Coquelin jouait sans faux nez... Aux motivations diverses déjà signalées, il en faut ajouter une complémentaire, d'ordre bibliographique : un livre, une thèse de Pierre Brun consacrée à Cyrano, publiée en 1894. Reste que la plupart des attaques lancées à l'époque contre Rostand se fondaient sur le fait que ni la pensée ni le milieu libertin, qui étaient ceux du Cyrano historique, n'apparaissent dans la pièce ; et que dès lors la raison du choix n'était pas néces-

1. B. Dussane, *Dieux des planches*, Flammarion, 1964, p. 64.

saire : pourquoi, demandait un critique, Cyrano plutôt que Lagardère ou d'Artagnan ?

Question de critique ; le public y répondit, comme on sait, par un triomphe, reconnaissant là un héros nouveau — et déjà un peu, par son physique, un antihéros. Mais de ce triomphe, le plus étonnant fut le caractère inattendu, et que l'on ait, un temps, cru au désastre.

Il fut un moment question de créer la pièce à la Comédie-Française : l'auteur des Romanesques *y eût ainsi fait sa rentrée en même temps que Coquelin réconcilié ; mais le délai — deux ans, bien d'autres créations attendant déjà — sembla trop long à Rostand comme à son interprète. Coquelin se chargea de trouver les fonds et de louer une salle : ce fut la Porte Saint-Martin, voisine de la Renaissance, mais plus populaire, haut lieu du mélodrame et du théâtre historique :* Cyrano *y retrouvait ses racines romantiques.*

Sans que l'on sache pourquoi, le climat aux ultimes répétitions, en décembre 1897, était noir, pessimiste. L'opinion générale pressentait un four. La confiance et l'argent faisant défaut, Rostand dut y mettre de sa poche. Coquelin seul croyait au succès ; assurant lui-même la mise en scène, il s'attribua la part du lion, aux dépens de ceux qui l'entouraient, certain de tout illuminer de sa présence. L'interprète de Le Bret se plaignant d'être constamment en scène sans que rien jamais le

*mette en valeur, Coquelin le réconforta d'un :
« Mais tu as un très beau rôle, je te parle tout le
temps ! »*

Rostand n'avait pas cette assurance. L'anec-
dote est célèbre : avant la première, il se jeta
*« pâle et tout en larmes dans les bras de Coquelin,
en s'écriant "Pardon ! ah ! pardonnez-moi, mon
ami, de vous avoir entraîné dans cette désastreuse
aventure*[1]*!…" »*.

Le triomphe qui suivit s'explique, au moins en
partie, par les circonstances, par la réponse (illu-
soire) qu'apportait Rostand à une crise du théâtre.
Mais cela ne rend pas compte de la pérennité du
succès, du mythe vite constitué par *Cyrano* et de
son ancrage dans l'inconscient collectif français.
Le panache ! dit-on ; mais aurait-il vraiment suffi à
la fortune de l'œuvre ? Peut-être y a-t-il une expli-
cation plus réaliste à la fois et plus profonde :
Cyrano est un apologue, une rêverie gigantesque
sur la nourriture. À elle, tout est ramené ; rien
n'échappe à son emprise.

Particulièrement aux actes II et IV, *Cyrano*
devient une sorte de féerie gastronomique où, de la
poésie à l'argent, de l'amour à la guerre, tout se

---

1. Cité par Rosemonde Gérard, *Edmond Rostand*, Bibliothèque Charpentier, 1935, p. 14. — Mais dans son interview
donnée aux *Annales* (9 mars 1913), Rostand donne une vision
moins noire de son état d'esprit.

*métamorphose, tout est traduit en termes de nour-
riture.*

*La poésie ? Le personnage de Ragueneau montre
assez les liens profonds qu'elle entretient avec la
pâtisserie ; le dialogue (II, v) de Cyrano et la
duègne insiste — savoureusement — sur ce point :*

— Êtes-vous gourmande ?
                 — À m'en rendre malade.
— Bon. Voici deux sonnets de monsieur Bense-
                     [rade…
— Heu !…
           — … que je vous remplis de darioles.
— Hou !

*L'argent aussi se voit détrôné par la nourri-
ture ; Lignière rappelle à Ragueneau :*

Vous payez en gâteaux vos billets de théâtre,

*et son interlocuteur avoue que la place lui a coûté
« Quatre flancs. Quinze choux. »*

*L'amour ? À la fin de la scène du balcon (III, x),
Christian monté chez Roxane, Cyrano constate :*

Baiser, festin d'amour dont je suis le Lazare !
Il me vient dans cette ombre une miette de toi…

*Quant à la guerre, l'acte IV voit constamment
détourner les termes militaires sur un sens alimen-*

taire (ainsi le casque nommé salade *sur le nom duquel joue Cyrano). L'arrivée du carrosse, vaste amas de mangeaille, conduit au conte de fées :*

Il a l'air d'être fait avec une citrouille

dit Roxane ; mais Rostand va plus loin que le conte : ici on dévore la citrouille !

Chaque lanterne est un petit garde-manger.

Voilà bien, décidément, le thème central de Cyrano de Bergerac. *Le trop fameux panache sombre, ou plutôt il est dévoré avec le reste. Un cadet lance :*

Mon tortil de baron pour un peu de Chester !

À ces festins pantagruéliques, un seul ne parti-cipe pas : Cyrano, dont le repas (I, IV) est d'une diététique toute lilliputienne :

Oh ! peu de choses ! — un grain
De ce raisin…

> *Elle veut lui donner la grappe, il cueille un grain.*

Un seul !… ce verre d'eau…

> *Elle veut verser du vin, il l'arrête.*

limpide !

— Et la moitié d'un macaron !

> *Il rend l'autre moitié.*

Comme au « festin d'amour », Cyrano est ici le grand abstinent — pour une raison évidente autant que nécessaire : il a choisi la parole. On ne parle pas la bouche pleine ! Il discourt (son rôle est un des plus longs du répertoire) pendant que les autres mangent — ou aiment. Sa mort même, Cyrano la transforme en mots, rubrique ultime de sa gazette. Serait-ce le destin « romantique » du poète que de ne pouvoir vivre, parce qu'il parle trop ? C'est en tout cas le sens du dernier vers de l'épitaphe que se donne Cyrano

Qui fut tout, et qui ne fut rien,

— c'est-à-dire qu'il dit *tout et ne* fait *rien, comme le montre bien la scène du balcon : la voix et le phénomène ne sauraient coïncider.*

Tant d'élan, chez Cyrano, tant de mouvement et d'agressivité, et ce flot de paroles, masquent mal un retrait, un silence, une impuissance. Il faut, bien sûr, ici, examiner le nez. Qui aura deviné qu'il était (redoublé, en outre, d'une prompte épée) phallique ? Rostand dit bien des choses en somme de ce nez, mais pas celle-là : preuve, si l'on veut, que c'est la seule qui compte. On pourrait aussi se demander vers qui tend ce « navet géant », et remarquer qu'il faut la présence de Christian pour que Roxane soit désirable : schéma classique de la rivalité amoureuse où l'amour hésite entre le rival et l'objet de la rivalité[1]*. De toute manière, l'image de Roxane est pauvre ; si, pour résumer, Cyrano n'est qu'un nez, Roxane ne serait qu'une oreille : tout son rôle est d'écouter, cousine d'enfance ou princesse lointaine, sans jamais accéder à une autonomie. Malgré des traits familiers et presque maternels, elle rejoint la galerie des héroïnes décadentes, sublimes, inaccessibles et pour qui meurent les hommes : le suicide de Christian est net, celui de Cyrano à peine moins (« Il s'est tué, Madame, en se levant »). Sans doute, on ne fera pas de Roxane la petite sœur de Salomé — une nièce éloignée seulement.*

Si l'œuvre touche et peut séduire encore aujourd'hui, c'est par la rencontre de ces incertitudes et de ces angoisses avec une fantaisie et une invention de chaque instant. L'Aiglon *dans le morbide,* Chantecler *dans le délire lyrique seront beaucoup plus révélateurs de l'atmosphère fin de siècle. Par sa théâtralité exacerbée,* Cyrano *évite mieux les pièges d'une poésie de théâtre.*

Cyrano, homme-parole, a en effet besoin constamment d'un public, et cette exigence constitue le principe premier de la pièce. Roxane, disions-

---

1. Rostand, inconsciemment, rend par là compte de l'homosexualité du Cyrano historique.

*nous, est celle qui écoute ; mais les autres person-
nages aussi, même les plus réticents, comme de
Guiche qui, dans les circonstances et l'humeur le
plus contraires, se laisse séduire, au troisième
acte, par les récits du voyageur stellaire :*

DE GUICHE, *entraîné par la curiosité
et s'asseyant sur le banc.*

Alors ?

CYRANO

Alors…

Reprenant sa voix naturelle.

Le quart d'heure est passé, Monsieur, je vous
                                    [délivre…

*La tirade, loin d'être pur morceau de bravoure,
est action théâtrale et se donne comme telle : il
s'agit de « tenir » un quart d'heure, le temps que
soient mariés Roxane et Christian. Ce n'est pas un
hasard si le décor du premier acte — le plus
brillant — représente l'Hôtel de Bourgogne et
joue, avec quelle virtuosité, du théâtre dans le
théâtre, et si, au dernier acte, Molière est directe-
ment évoqué. Cyrano crée le théâtre autour de lui,
par son seul mode d'être — caché dans la foule
(acte I) ou dans l'ombre du balcon (acte III), ou
encore masquant sa blessure mortelle (acte V) ;*

ainsi, même sa manière de n'être pas là est théâ-
trale.

　Mais c'est dans l'invention verbale et la mani-
pulation du vers que Rostand s'impose surtout.
Multipliant les jeux de mots, calembours, expres-
sions détournées, il réussit à ne jamais les figer en
« mots d'auteurs », à ne jamais s'arrêter à les faire
valoir. Les mots sont donnés en plus, *pour le plai-*
sir et par là échappent au « boulevard », où ils sont
la fin du dialogue.

　Le vers tel que le pratique Rostand est évidem-
ment le moteur de ce jeu : de l'alexandrin, il
explore, contourne, détourne les outrances et les
mécanismes ; chaque vers devient défi, poussé jus-
qu'à l'excès, la désintégration. Si l'on pense au
Hugo du quatrième acte de Ruy Blas, *c'est plus*
encore le Mallarmé des Vers *de circonstance*
qu'on doit évoquer. Aux rimes extravagantes, aux
rythmes déchiquetés, Rostand ajoute les scènes
d'ensemble, d'une écriture quasi musicale et qui
*semblent irréalisables à la scène (*Cyrano *est lar-*
gement une pièce à lire). Le vers explose — et reste
pourtant fantomatiquement présent :

CYRANO

Silence !

　　LE PARTERRE, *en délire.*

　Hi han ! Bêê ! Ouah, ouah ! Cocorico !

ou ce dialogue de Lignière et la distributrice :

— Orangeade ?
      — Fi !
            — Lait ?
                  — Pouah !
                        — Rivesalte ?
                              — Halte !

Telle brève réplique :

LES VIOLONS, *s'accordant.*

La... La...

est un défi au vers comme au dialogue.

Cyrano *se nourrit largement de cette tension entre le vers et le jeu de mots. La mécanique dévorante de l'alexandrin se prête mal à ce dernier : le rire n'y est pas prévu, qui impose son propre rythme et, si l'on peut dire, ses propres césures. S'il utilise parfois, le plus classiquement du monde, les grandes tirades rhétoriques (celle des nez, ou des « non merci »)* — *et c'est là que* Cyrano *a quelque peu vieilli* —, *Rostand les dénonce promptement par cet excès inverse : le vers émietté, désarticulé.*

Virtuosité, fantaisie qui vont bien au-delà du comique, mais réussissent à désamorcer un pompiérisme qui était dans le goût de l'époque. Par les

*déséquilibres qu'il entretient savamment, Rostand
préserve une part de liberté à son œuvre, un écart,
une marge d'incertitude.*

*Le goût de la virtuosité se marque aussi par
l'inclusion dans la pièce de diverses formes poé-
tiques où se libère la tentation du pastiche : ballade « à l'improvisade » de l'acte I, triolets des
Cadets de Gascogne et précieuse recette des tartelettes amandines à l'acte II, épitaphe au dernier
acte, sans compter les diverses « lettres » : morceaux de genre chargés, pour certains, d'une couleur historique, car le brillant et la variété que
Rostand met en œuvre ont aussi pour but de rendre
palpables la sève et la verdeur d'un Paris baroque
qu'il redécouvre avec passion.*

*Ce fut un art de l'illusion (comme tout art, sans
doute !) : à ses contemporains, aidé de la grande
machine théâtrale et d'acteurs hors du commun,
Rostand put faire croire que le romantisme n'était
pas mort, que, par-delà* Les Burgraves, Cyrano *et*
L'Aiglon *continuaient* Hernani *et* Ruy Blas. *Ce qui
nous intéresse aujourd'hui, c'est comment il inflé-
chissait l'incontestable héritage hugolien vers des
morbidités et des ambiguïtés fin de siècle : le
mélange de jubilation et d'angoisse qu'il sut y
mettre, un paradoxal mariage d'assurance et de
fragilité donnent à sa voix quelque chose d'unique.*

Tombeau du romantisme (dans L'Aiglon *sur-*

tout, mais déjà dans Cyrano), l'œuvre de Rostand
explore aussi les voies de la modernité 1900 : dans
le goût de la surcharge ornementale, le gonflement
du détail, la préciosité à froid, l'apparent déborde-
ment verbal. S'il lui fallait auprès de nous se recom-
mander de quelqu'un, lui qui eut tous les succès, ce
pourrait être de celui qui, pour son désespoir, n'en
connut aucun : dans Comment j'ai écrit certains de
mes livres *Raymond Roussel rend hommage à Rostand*, à propos des Impressions d'Afrique :

« … Quand cette œuvre parut en librairie, nul
n'y fit attention. Seul, Edmond Rostand, à qui j'en
avais envoyé un exemplaire, la comprit du premier
coup, se passionna pour elle et en parla à tous,
allant jusqu'à en lire des fragments à haute voix à
ses familiers. Il me disait souvent : "Il y aurait une
pièce extraordinaire à tirer de votre livre." Ces
paroles m'influencèrent. »

Que Rostand sût rêver le théâtre de Roussel
avant Roussel lui-même, voilà qui peut, à notre
tour, nous « influencer », nous inciter à chercher
dans Cyrano non pas quelque procédé caché, mais
autre chose au moins que la comédie cocardière et
vieillotte que trop souvent, par paresse, on y veut
voir seulement.

PATRICK BESNIER.

Cyrano de Bergerac

COMÉDIE HÉROÏQUE
EN CINQ ACTES, EN VERS

C'est à l'âme de CYRANO *que je voulais dédier ce poème.*

Mais puisqu'elle a passé en vous, COQUELIN, *c'est à vous que je le dédie.*

E. R.

PERSONNAGES[1]

CYRANO DE BERGERAC

CHRISTIAN DE NEUVILLETTE

COMTE DE GUICHE

RAGUENEAU

LE BRET

LE CAPITAINE CARBON DE CASTEL-JALOUX

LES CADETS

LIGNIÈRE

DE VALVERT

UN MARQUIS

DEUXIÈME MARQUIS

TROISIÈME MARQUIS

MONTFLEURY

BELLEROSE

JODELET

CUIGY

BRISSAILLE

UN FÂCHEUX

UN MOUSQUETAIRE

UN AUTRE

1. Sur l'origine historique de la pièce, voir la notice, p. 427.

UN OFFICIER ESPAGNOL
UN CHEVAU-LÉGER
LE PORTIER
UN BOURGEOIS
SON FILS
UN TIRE-LAINE
UN SPECTATEUR
UN GARDE
BERTRANDOU LE FIFRE
LE CAPUCIN
DEUX MUSICIENS
LES PAGES
LES POÈTES
LES PÂTISSIERS
ROXANE
SŒUR MARTHE
LISE
LA DISTRIBUTRICE DES DOUCES LIQUEURS
MÈRE MARGUERITE DE JÉSUS
LA DUÈGNE
SŒUR CLAIRE
UNE COMÉDIENNE
LA SOUBRETTE
LA BOUQUETIÈRE

La foule, bourgeois, marquis, mousquetaires, tire-laine, pâtissiers, poètes, cadets gascons, comédiens, violons, pages, enfants, soldats, espagnols, spectateurs, spectatrices, précieuses, comédiennes, bourgeoises, religieuses, etc.

*(Les quatre premiers actes en 1640,
le cinquième en 1655.)*

PREMIER ACTE

UNE REPRÉSENTATION
À L'HÔTEL DE BOURGOGNE

*La salle de l'Hôtel de Bourgogne, en 1640[1].
Sorte de hangar de jeu de paume aménagé et
embelli pour des représentations.*

*La salle est un carré long ; on la voit en biais,
de sorte qu'un de ses côtés forme le fond qui part
du premier plan, à droite, et va au dernier plan, à
gauche, faire angle avec la scène qu'on aperçoit
en pan coupé.*

*Cette scène est encombrée, des deux côtés, le
long des coulisses, par des banquettes. Le rideau
est formé par deux tapisseries qui peuvent s'écar-
ter. Au-dessus du manteau d'Arlequin, les armes
royales. On descend de l'estrade dans la salle par
de larges marches. De chaque côté de ces marches,
la place des violons. Rampe de chandelles.*

1. Pour la description des lieux et les détails de la représentation, Rostand paraît s'inspirer d'un volume de 1674, *Le
Théâtre français*, de Samuel Chappuzeau, réédité en 1875.

Deux rangs superposés de galeries latérales : le rang supérieur est divisé en loges. Pas de sièges au parterre, qui est la scène même du théâtre ; au fond de ce parterre, c'est-à-dire à droite, premier plan, quelques bancs formant gradins et, sous un escalier qui monte vers des places supérieures et dont on ne voit que le départ, une sorte de buffet orné de petits lustres, de vases fleuris, de verres de cristal, d'assiettes de gâteaux, de flacons, etc.

Au fond, au milieu, sous la galerie de loges, l'entrée du théâtre. Grande porte qui s'entre-bâille pour laisser passer les spectateurs. Sur les battants de cette porte, ainsi que dans plusieurs coins et au-dessus du buffet, des affiches rouges sur lesquelles on lit : La Clorise.

Au lever du rideau, la salle est dans une demi-obscurité, vide encore. Les lustres sont baissés au milieu du parterre, attendant d'être allumés.

SCÈNE PREMIÈRE

LE PUBLIC, *qui arrive peu à peu.* CAVA-
LIERS, BOURGEOIS, LAQUAIS, PAGES,
TIRE-LAINE, LE PORTIER, *etc., puis* LES
MARQUIS, CUIGY, BRISSAILLE, LA DISTRI-
BUTRICE, LES VIOLONS, *etc.*

*On entend derrière la porte un tumulte de voix,
puis un cavalier entre brusquement.*

LE PORTIER, *le poursuivant.*

Holà ! vos quinze sols !

LE CAVALIER

J'entre gratis !

LE PORTIER

Pourquoi ?

LE CAVALIER

Je suis chevau-léger de la maison du Roi !

LE PORTIER, *à un autre cavalier
qui vient d'entrer.*

Vous ?

DEUXIÈME CAVALIER

Je ne paye pas !

LE PORTIER

Mais…

DEUXIÈME CAVALIER

Je suis mousquetaire.

PREMIER CAVALIER, *au deuxième.*

On ne commence qu'à deux heures. Le parterre
Est vide. Exerçons-nous au fleuret.

*Ils font des armes avec des fleurets
qu'ils ont apportés.*

UN LAQUAIS, *entrant.*

Pst… Flanquin…

UN AUTRE, *déjà arrivé.*

Champagne ?…

LE PREMIER, *lui montrant des jeux
qu'il sort de son pourpoint.*

Cartes. Dés.

Il s'assied par terre.

Jouons.

LE DEUXIÈME, *même jeu.*

> Oui, mon coquin.

PREMIER LAQUAIS, *tirant de sa poche*
un bout de chandelle qu'il allume
et colle par terre.

J'ai soustrait à mon maître un peu de luminaire.

UN GARDE, *à une bouquetière*
qui s'avance.

C'est gentil de venir avant que l'on n'éclaire !…

> *Il lui prend la taille.*

UN DES BRETTEURS, *recevant un coup*
de fleuret.

Touche !

UN DES JOUEURS

Trèfle !

LE GARDE, *poursuivant la fille.*

Un baiser !

LA BOUQUETIÈRE, *se dégageant.*

> On voit !…

LE GARDE, *l'entraînant*
dans les coins sombres.

Pas de danger !

UN HOMME, *s'asseyant par terre*
avec d'autres porteurs de provisions
de bouche.

10　Lorsqu'on vient en avance, on est bien pour manger.

UN BOURGEOIS, *conduisant son fils.*

Plaçons-nous là, mon fils.

UN JOUEUR

Brelan d'as !

UN HOMME, *tirant une bouteille*
de sous son manteau et s'asseyant aussi.

Un ivrogne

Doit boire son bourgogne…

Il boit.

à l'hôtel de Bourgogne !

LE BOURGEOIS, *à son fils.*

Ne se croirait-on pas en quelque mauvais lieu ?

Il montre l'ivrogne du bout de sa canne.

Buveurs…

*En rompant, un des cavaliers le
bouscule.*

Bretteurs !

Il tombe au milieu des joueurs.

Joueurs !

LE GARDE, *derrière lui,
lutinant toujours la femme.*

Un baiser !

LE BOURGEOIS, *éloignant vivement
son fils.*

Jour de Dieu !
— Et penser que c'est dans une salle pareille   15
Qu'on joua du Rotrou, mon fils !

LE JEUNE HOMME

Et du Corneille !

UNE BANDE DE PAGES, *se tenant
par la main, entre en farandole
et chante.*

Tra la la la la la la la la la la lère…

LE PORTIER, *sévèrement aux pages.*

Les pages, pas de farce !…

PREMIER PAGE, *avec une dignité blessée.*

  Oh ! Monsieur ! ce soupçon !…

> *Vivement au deuxième, dès que le por-*
> *tier a tourné le dos.*

As-tu de la ficelle ?

LE DEUXIÈME

  Avec un hameçon.

PREMIER PAGE

On pourra de là-haut pêcher quelque perruque.

> UN TIRE-LAINE, *groupant autour*
> *de lui plusieurs hommes*
> *de mauvaise mine.*

20 Or çà, jeunes escrocs, venez qu'on vous éduque :
Puis donc que vous volez pour la première fois…

> DEUXIÈME PAGE, *criant à d'autres pages*
> *déjà placés aux galeries supérieures.*

Hep ! Avez-vous des sarbacanes ?

> TROISIÈME PAGE, *d'en haut.*

  Et des pois !

> *Il souffle et les crible de pois.*

LE JEUNE HOMME, *à son père.*

Que va-t-on nous jouer ?

LE BOURGEOIS

Clorise.

LE JEUNE HOMME

De qui est-ce ?

LE BOURGEOIS

De monsieur Balthazar Baro[1]. C'est une pièce !…

Il remonte au bras de son fils.

LE TIRE-LAINE, *à ses acolytes.*

… La dentelle surtout des canons, coupez-la !   25

UN SPECTATEUR, *à un autre, lui montrant
une encoignure élevée.*

Tenez, à la première du *Cid*[2], j'étais là !

1. Balthazar Baro (1585-1650) s'acquit l'estime que lui témoignaient les précieuses en terminant *L'Astrée* après la mort de son ami d'Urfé. Sa pastorale *La Clorise* fut créée à l'Hôtel de Bourgogne en 1631, sans grand succès.

2. *Le Cid* fut en réalité créé, en 1636, au théâtre du Marais, et non à l'Hôtel de Bourgogne.

LE TIRE-LAINE, *faisant avec ses doigts*
le geste de subtiliser.

Les montres…

LE BOURGEOIS, *redescendant, à son fils.*

Vous verrez des acteurs très illustres…

LE TIRE-LAINE, *faisant le geste de tirer*
par petites secousses furtives.

Les mouchoirs…

LE BOURGEOIS

Montfleury…

QUELQU'UN, *criant de la galerie*
supérieure.

Allumez donc les lustres !

LE BOURGEOIS

… Bellerose, l'Epy, la Beaupré, Jodelet[1] !

UN PAGE, *au parterre.*

30   Ah ! voici la distributrice !…

---

1. Montfleury, Bellerose et Jodelet : voir la notice, p. 432.
François Bedeau, dit l'Épy, frère de Jodelet, travailla aussi dans
la troupe de Molière. Madeleine Le Moyne, dite la Beaupré,
partagea sa carrière entre l'Hôtel de Bourgogne et le Marais.

LA DISTRIBUTRICE, *paraissant derrière
le buffet.*

Oranges, lait,
Eau de framboise, aigre de cèdre…

Brouhaha à la porte.

UNE VOIX DE FAUSSET

Place, brutes !

UN LAQUAIS, *s'étonnant.*

Les marquis !… au parterre ?…

UN AUTRE LAQUAIS

Oh ! pour quelques minutes.

Entre une bande de petits marquis.

UN MARQUIS, *voyant la salle
à moitié vide.*

Hé quoi ! Nous arrivons ainsi que les drapiers,
Sans déranger les gens ? sans marcher sur les pieds ?
Ah ! fi ! fi ! fi !

35

*Il se trouve devant d'autres gentils-
hommes entrés peu avant.*

Cuigy ! Brissaille !

Grandes embrassades.

CUIGY

Des fidèles !…
Mais oui, nous arrivons devant que les chandelles…

LE MARQUIS

Ah ! ne m'en parlez pas ! Je suis dans une humeur…

UN AUTRE

Console-toi, marquis, car voici l'allumeur !

LA SALLE, *saluant l'entrée de l'allumeur.*
Ah !…

> *On se groupe autour des lustres qu'il allume. Quelques personnes ont pris place aux galeries. Lignière entre au parterre, donnant le bras à Christian de Neuvillette. Lignière, un peu débraillé, figure d'ivrogne distingué. Christian, vêtu élégamment, mais d'une façon un peu démodée, paraît préoccupé et regarde les loges.*

SCÈNE II

LES MÊMES, CHRISTIAN, LIGNIÈRE,
puis RAGUENEAU *et* LE BRET

CUIGY

Lignière !

BRISSAILLE, *riant.*

Pas encor gris !…

LIGNIÈRE, *bas à Christian.*

Je vous présente ?

Signe d'assentiment de Christian.

Baron de Neuvillette.   40

Saluts.

LA SALLE, *acclamant l'ascension
du premier lustre allumé.*

Ah !

CUIGY, *à Brissaille,
en regardant Christian.*

La tête est charmante.

PREMIER MARQUIS, *qui a entendu.*

Peuh !…

LIGNIÈRE, *présentant à Christian.*

Messieurs de Cuigy, de Brissaille.

CHRISTIAN, *s'inclinant.*

Enchanté !...

PREMIER MARQUIS, *au deuxième.*

Il est assez joli, mais n'est pas ajusté
Au dernier goût.

LIGNIÈRE, *à Cuigy.*

Monsieur débarque de Touraine.

CHRISTIAN

Oui, je suis à Paris depuis vingt jours à peine.
J'entre aux gardes demain, dans les Cadets.

PREMIER MARQUIS, *regardant*
les personnes qui entrent dans les loges.

Voilà
La présidente Aubry !

LA DISTRIBUTRICE

Oranges, lait.

LES VIOLONS, *s'accordant.*

La... la...

CUIGY, *à Christian, lui désignant*
la salle qui se garnit.

Du monde !

CHRISTIAN

Eh ! oui, beaucoup.

PREMIER MARQUIS

Tout le bel air !

Ils nomment les femmes à mesure
qu'elles entrent, très parées, dans les
loges. Envois de saluts, réponses de sou-
rires.

DEUXIÈME MARQUIS

Mesdames

De Guéméné...

CUIGY

De Bois-Dauphin...

PREMIER MARQUIS

Que nous aimâmes.

BRISSAILLE

De Chavigny[1]...

1. Il s'agit de figures authentiques du monde de la préciosité.

DEUXIÈME MARQUIS

Qui de nos cœurs va se jouant !

LIGNIÈRE

50   Tiens, monsieur de Corneille est arrivé de Rouen.

LE JEUNE HOMME, *à son père.*

L'Académie est là ?

LE BOURGEOIS

Mais… j'en vois plus d'un membre ;
Voici Boudu, Boissat, et Cureau de la Chambre ;
Porchères, Colomby, Bourzeys, Bourdon, Arbaud[1]…
Tous ces noms dont pas un ne mourra, que c'est
[beau !

---

1. Dans sa *Marion Delorme* (1829) dont l'action se passe en 1638, Victor Hugo s'amuse à accumuler de la même façon les noms d'académiciens. À l'acte II, Villac évoque Corneille et s'exclame :

> *Croit-il pas égaler messieurs de Boisrobert,*
> *Chapelain, Serisay, Mairet, Gombault, Habert,*
> *Bautru, Giry, Faret, Desmarets, Malleville,*
> *Duryer, Cherisy, Colletet, Gomberville,*
> *Toute l'Académie enfin !*

(*Théâtre complet,*
Bibliothèque de la Pléiade, t. I, p. 993).

PREMIER MARQUIS

Attention ! nos précieuses prennent place :   55
Barthénoïde, Urimédonte, Cassandace,
Félixérie[1]…

DEUXIÈME MARQUIS, *se pâmant.*

Ah ! Dieu ! leurs surnoms sont exquis !
Marquis, tu les sais tous ?

PREMIER MARQUIS

Je les sais tous, marquis !

LIGNIÈRE, *prenant Christian à part.*

Mon cher, je suis entré pour vous rendre service :
La dame ne vient pas. Je retourne à mon vice !   60

CHRISTIAN, *suppliant.*

Non !… Vous qui chansonnez et la ville et la cour,
Restez : vous me direz pour qui je meurs d'amour.

---

1. Ces quatre noms figurent dans Somaize. Cassandace est
Mme de Chamais (elle a «toujours eu la réputation d'avoir eu
le plus beau corps de toute la Grèce»); Barthénoïde, la mar-
quise de Boudreno ; Urimédonte, Mlle Vaugeron ; et Félixérie,
Mlle Fernan, «une prétieuse dont l'humeur est, à mon sens,
des plus singulières».

LE CHEF DES VIOLONS, *frappant
sur son pupitre, avec son archet.*

Messieurs les violons !…

> *Il lève son archet.*

LA DISTRIBUTRICE

Macarons, citronnée…

> *Les violons commencent à jouer.*

CHRISTIAN

J'ai peur qu'elle ne soit coquette et raffinée,
65 Je n'ose lui parler car je n'ai pas d'esprit…
Le langage aujourd'hui qu'on parle et qu'on écrit,
Me trouble. Je ne suis qu'un bon soldat timide.
— Elle est toujours, à droite, au fond : la loge vide.

LIGNIÈRE, *faisant mine de sortir.*

Je pars.

CHRISTIAN, *le retenant encore.*

Oh ! non, restez !

LIGNIÈRE

Je ne peux. D'Assoucy[1]
70 M'attend au cabaret. On meurt de soif, ici.

1. D'Assoucy (Charles Coypeau, dit), 1605-1677. Ce poète
burlesque fut l'ami de Cyrano et de Molière ; il publia plusieurs
poèmes « travestis », dont *L'Ovide en belle humeur* (1650).

LA DISTRIBUTRICE, *passant devant lui*
avec un plateau.

Orangeade ?

LIGNIÈRE

Fi !

LA DISTRIBUTRICE

Lait ?

LIGNIÈRE

Pouah !

LA DISTRIBUTRICE

Rivesalte ?

LIGNIÈRE

Halte !

À Christian.

Je reste encor un peu. — Voyons ce rivesalte ?

Il s'assied près du buffet. La distribu-
trice lui verse du rivesalte.

CRIS, *dans le public à l'entrée*
d'un petit homme grassouillet et réjoui.

Ah ! Ragueneau !…

LIGNIÈRE, *à Christian.*

Le grand rôtisseur Ragueneau.

RAGUENEAU, *costume de pâtissier
endimanché, s'avançant vivement
vers Lignière.*

Monsieur, avez-vous vu monsieur de Cyrano ?

LIGNIÈRE, *présentant Ragueneau
à Christian.*

75   Le pâtissier des comédiens et des poètes !

RAGUENEAU, *se confondant.*

Trop d'honneur…

LIGNIÈRE

Taisez-vous, Mécène que vous êtes !

RAGUENEAU

Oui, ces messieurs chez moi se servent…

LIGNIÈRE

À crédit.

Poète de talent lui-même…

RAGUENEAU

Ils me l'ont dit.

LIGNIÈRE

Fou de vers !

RAGUENEAU

Il est vrai que pour une odelette…

LIGNIÈRE

Vous donnez une tarte…

80

RAGUENEAU

Oh ! une tartelette !

LIGNIÈRE

Brave homme, il s'en excuse !… Et pour un triolet
Ne donnâtes-vous pas ?

RAGUENEAU

Des petits pains !

LIGNIÈRE, *sévèrement.*

Au lait.

— Et le théâtre ! vous l'aimez ?

RAGUENEAU

Je l'idolâtre.

LIGNIÈRE

Vous payez en gâteaux vos billets de théâtre !
85　Votre place, aujourd'hui, là, voyons, entre nous,
Vous a coûté combien ?

RAGUENEAU

Quatre flans. Quinze choux.

Il regarde de tous côtés.

Monsieur de Cyrano n'est pas là ? Je m'étonne.

LIGNIÈRE

Pourquoi ?

RAGUENEAU

Montfleury joue !

LIGNIÈRE

En effet, cette tonne
Va nous jouer ce soir le rôle de Phédon.
90　Qu'importe à Cyrano ?

RAGUENEAU

Mais vous ignorez donc ?
Il fit à Montfleury, messieurs, qu'il prit en haine,
Défense, pour un mois, de reparaître en scène.

LIGNIÈRE, *qui en est à son quatrième*
petit verre.

Eh bien ?

RAGUENEAU

Montfleury joue !

CUIGY, *qui s'est rapproché*
de son groupe.

Il n'y peut rien.

RAGUENEAU

Oh ! oh !

Moi, je suis venu voir !

PREMIER MARQUIS

Quel est ce Cyrano ?

CUIGY

C'est un garçon versé dans les colichemardes[1].   95

DEUXIÈME MARQUIS

Noble ?

CUIGY

Suffisamment. Il est cadet aux gardes.

1. *Colichemarde* : épée à large lame.

> *Montrant un gentilhomme qui va et vient dans la salle comme s'il cherchait quelqu'un.*

Mais son ami Le Bret peut vous dire…

> *Il appelle.*

> Le Bret !

> *Le Bret descend vers eux.*

Vous cherchez Bergerac ?

LE BRET

> Oui, je suis inquiet !…

CUIGY

N'est-ce pas que cet homme est des moins
> [ordinaires ?

LE BRET, *avec tendresse.*

100   Ah ! c'est le plus exquis des êtres sublunaires !

RAGUENEAU

Rimeur !

GUIGY

Bretteur !

BRISSAILLE

Physicien !

LE BRET

Musicien !

LIGNIÈRE

Et quel aspect hétéroclite que le sien !

RAGUENEAU

Certes, je ne crois pas que jamais nous le peigne
Le solennel monsieur Philippe de Champaigne.
Mais bizarre, excessif, extravagant, falot,   105
Il eût fourni, je pense, à feu Jacques Callot
Le plus fol spadassin à mettre entre ses masques :
Feutre à panache triple et pourpoint à six basques,
Cape, que par derrière, avec pompe, l'estoc
Lève, comme une queue insolente de coq,   110
Plus fier que tous les Artabans[1] dont la Gascogne
Fut et sera toujours l'alme Mère Gigogne,
Il promène, en sa fraise à la Pulcinella[2],
Un nez !… Ah ! messeigneurs, quel nez que ce
                                              [nez-là !…
On ne peut voir passer un pareil nasigère   115

1. Au prix d'un anachronisme léger, Rostand renvoie à
l'origine du dicton : le fier Artaban est un héros du long roman
précieux de La Calprenède, *Cléopâtre*, publié à partir de 1647.
   2. Nés en Italie à la fin du XVIᵉ siècle, les personnages de la
commedia dell'arte (dont plusieurs apparaissent scène VII)
furent introduits en France au début du XVIIᵉ siècle, à l'arrivée de Marie de Médicis.

Sans s'écrier : « Oh ! non, vraiment, il exagère ! »
Puis on sourit, on dit : « Il va l'enlever… » Mais
Monsieur de Bergerac ne l'enlève jamais.

LE BRET, *hochant la tête.*

Il le porte, — et pourfend quiconque le remarque !

RAGUENEAU, *fièrement.*

120   Son glaive est la moitié des ciseaux de la Parque !

PREMIER MARQUIS, *haussant les épaules.*

Il ne viendra pas !

RAGUENEAU

Si !… Je parie un poulet
À la Ragueneau !

LE MARQUIS, *riant.*

Soit !

Rumeurs d'admiration dans la salle.
Roxane vient de paraître dans sa loge.
Elle s'assied sur le devant, sa duègne
prend place au fond. Christian, occupé à
payer la distributrice, ne regarde pas.

DEUXIÈME MARQUIS, *avec des petits cris.*

Ah ! messieurs ! mais elle est
Épouvantablement ravissante !

PREMIER MARQUIS

Une pêche
Qui sourirait avec une fraise !

DEUXIÈME MARQUIS

Et si fraîche
Qu'on pourrait, l'approchant, prendre un rhume de   125
[cœur !

CHRISTIAN, *lève la tête, aperçoit Roxane,*
et saisit vivement Lignière par le bras.

C'est elle !

LIGNIÈRE, *regardant.*

Ah ! c'est elle ?...

CHRISTIAN

Oui. Dites vite. J'ai peur.

LIGNIÈRE, *dégustant son rivesalte*
à petits coups.

Magdeleine Robin, dite Roxane. — Fine.
Précieuse.

CHRISTIAN

Hélas !

LIGNIÈRE

Libre. Orpheline. Cousine
De Cyrano, — dont on parlait…

> *À ce moment, un seigneur très élégant,*
> *le cordon bleu en sautoir, entre dans la*
> *loge et, debout, cause un instant avec*
> *Roxane.*

CHRISTIAN, *tressaillant.*

Cet homme ?…

LIGNIÈRE, *qui commence à être gris,*
clignant de l'œil.

Hé ! Hé !…
130 — Comte de Guiche. Épris d'elle. Mais marié
À la nièce d'Armand de Richelieu. Désire
Faire épouser Roxane à certain triste sire,
Un monsieur de Valvert, vicomte… et complaisant.
Elle n'y souscrit pas, mais de Guiche est puissant :
135 Il peut persécuter une simple bourgeoise.
D'ailleurs j'ai dévoilé sa manœuvre sournoise
Dans une chanson qui… Ho ! il doit m'en vouloir !
— La fin était méchante… Écoutez…

> *Il se lève en titubant, le verre haut, prêt*
> *à chanter.*

CHRISTIAN

Non. Bonsoir.

LIGNIÈRE

Vous allez ?

CHRISTIAN

Chez monsieur de Valvert !

LIGNIÈRE

Prenez garde :
C'est lui qui vous tuera !   140

Lui désignant du coin de l'œil Roxane.

Restez. On vous regarde.

CHRISTIAN

C'est vrai !

*Il reste en contemplation. Le groupe de
tire-laine, à partir de ce moment, le voyant
la tête en l'air et la bouché bée, se rapproche de lui.*

LIGNIÈRE

C'est moi qui pars. J'ai soif ! Et l'on m'attend
— Dans des tavernes !

Il sort en zigzaguant.

LE BRET, *qui a fait le tour de la salle,*
revenant vers Ragueneau,
d'une voix rassurée.

Pas de Cyrano.

RAGUENEAU, *incrédule.*

Pourtant…

LE BRET

Ah ! je veux espérer qu'il n'a pas vu l'affiche !

LA SALLE, *trépignante.*

Commencez ! Commencez !

SCÈNE III

LES MÊMES, *moins* LIGNIÈRE ; DE GUICHE,
VALVERT, *puis* MONTFLEURY

UN MARQUIS, *voyant de Guiche,*
qui descend de la loge de Roxane,
traverse le parterre, entouré de seigneurs
obséquieux, parmi lesquels le vicomte
de Valvert.

Quelle cour, ce de Guiche !

UN AUTRE

Fi !... Encore un Gascon !   145

LE PREMIER

                    Le Gascon souple et froid,
Celui qui réussit !... Saluons-le, crois-moi.

                         Ils vont vers de Guiche.

DEUXIÈME MARQUIS

Les beaux rubans ! Quelle couleur, comte de
                              [Guiche ?
Baise-moi-ma-mignonne ou bien *Ventre-de-biche ?*

DE GUICHE

C'est couleur *Espagnol malade.*

PREMIER MARQUIS

                         La couleur
Ne ment pas, car bientôt, grâce à votre valeur,   150
L'Espagnol ira mal, dans les Flandres !

DE GUICHE

                         Je monte
Sur scène. Venez-vous ?

              Il se dirige suivi de tous les marquis
              et gentilshommes vers le théâtre. Il se
              retourne et appelle.

                    Viens, Valvert !

CHRISTIAN, *qui les écoute et les observe,*
tressaille en entendant ce nom.

Le vicomte !
Ah ! je vais lui jeter à la face mon…

> *Il met la main dans sa poche, et y ren-*
> *contre celle d'un tire-laine en train de le*
> *dévaliser. Il se retourne.*

Hein ?

LE TIRE-LAINE

Ay !…

CHRISTIAN, *sans le lâcher.*
Je cherchais un gant !

LE TIRE-LAINE, *avec un sourire piteux.*
Vous trouvez une main.

Changeant de ton, bas et vite.

155 Lâchez-moi. Je vous livre un secret.

CHRISTIAN, *le tenant toujours.*
Quel ?

LE TIRE-LAINE

Lignière…
Qui vous quitte…

CHRISTIAN, *de même.*

Eh ! bien ?

LE TIRE-LAINE

… touche à son heure dernière.
Une chanson qu'il fit blessa quelqu'un de grand,
Et cent hommes — j'en suis — ce soir sont
[postés !…

CHRISTIAN

Cent !

Par qui ?

LE TIRE-LAINE

Discrétion…

CHRISTIAN, *haussant les épaules.*

Oh !

LE TIRE-LAINE, *avec beaucoup
de dignité.*

Professionnelle !

CHRISTIAN

Où seront-ils postés ?   160

LE TIRE-LAINE

À la porte de Nesle.
Sur son chemin. Prévenez-le !

CHRISTIAN, *qui lui lâche enfin le poignet.*

Mais où le voir !

LE TIRE-LAINE

Allez courir tous les cabarets : *le Pressoir
D'Or, la Pomme de Pin, la Ceinture qui craque,
Les Deux Torches, les Trois Entonnoirs*, — et dans
[chaque,
165　Laissez un petit mot d'écrit l'avertissant.

CHRISTIAN

Oui, je cours ! Ah ! les gueux ! Contre un seul
[homme, cent !

Regardant Roxane avec amour.

La quitter… elle !

Regardant avec fureur Valvert.

Et lui !… — Mais il faut que je sauve
Lignière !…

*Il sort en courant. — De Guiche, le
vicomte, les marquis, tous les gentilshommes ont disparu derrière le rideau
pour prendre place sur les banquettes de
la scène. Le parterre est complètement
rempli. Plus une place vide aux galeries
et aux loges.*

LA SALLE

Commencez.

UN BOURGEOIS, *dont la perruque*
s'envole au bout d'une ficelle, pêchée
par un page de la galerie supérieure.

Ma perruque !

CRIS DE JOIE

Il est chauve !...
Bravo, les pages !... Ha ! ha ! ha !...

LE BOURGEOIS, *furieux, montrant*
le poing.

Petit gredin !

RIRES ET CRIS, *qui commencent très fort*
et vont décroissant.

HA ! HA ! ha ! ha ! ha ! ha !   170

Silence complet.

LE BRET, *étonné.*

Ce silence soudain ?...

Un spectateur lui parle bas.

Ah ?...

LE SPECTATEUR

La chose me vient d'être certifiée.

MURMURES, *qui courent.*

Chut ! — Il paraît ?... — Non !... — Si ! — Dans
[la loge grillée.
— Le Cardinal ! — Le Cardinal ? — Le Cardinal[1] !

UN PAGE

Ah ! diable, on ne va pas pouvoir se tenir mal !...

On frappe sur la scène. Tout le monde s'immobilise. Attente.

LA VOIX D'UN MARQUIS, *dans le silence,
derrière le rideau.*

175 Mouchez cette chandelle !

UN AUTRE MARQUIS, *passant la tête
par la fente du rideau.*

Une chaise !

Une chaise est passée, de main en main, au-dessus des têtes. Le marquis la prend et disparaît, non sans avoir envoyé quelques baisers aux loges.

---

1. Cette présence invisible de Richelieu rejoint un thème de l'imagerie romantique ; ainsi « l'homme rouge qui passe » à la fin de la *Marion Delorme* de Hugo.

UN SPECTATEUR

Silence !

On refrappe les trois coups. Le rideau s'ouvre. Tableau. Les marquis assis sur les côtés, dans des poses insolentes. Toile de fond représentant un décor bleuâtre de pastorale. Quatre petits lustres de cristal éclairent la scène. Les violons jouent doucement.

LE BRET, *à Ragueneau, bas.*

Montfleury entre en scène ?

RAGUENEAU, *bas aussi.*

Oui, c'est lui qui commence.

LE BRET

Cyrano n'est pas là.

RAGUENEAU

J'ai perdu mon pari.

LE BRET

Tant mieux ! tant mieux !

On entend un air de musette, et Montfleury paraît en scène, énorme, dans un costume de berger de pastorale, un cha-

peau garni de roses penché sur l'oreille, et
soufflant dans une cornemuse enrubannée.

LE PARTERRE, *applaudissant.*

Bravo, Montfleury ! Montfleury !

MONTFLEURY, *après avoir salué,*
jouant le rôle de Phédon.

«*Heureux qui loin des cours, dans un lieu solitaire,*
180 *Se prescrit à soi-même un exil volontaire,*
Et qui, lorsque Zéphire a soufflé sur les bois[1]…»

UNE VOIX, *au milieu du parterre.*

Coquin, ne t'ai-je pas interdit pour un mois ?

Stupeur. Tout le monde se retourne.
Murmures.

VOIX DIVERSES

Hein ? — Quoi ? — Qu'est-ce ?…

On se lève dans les loges, pour voir.

CUIGY

C'est lui !

LE BRET, *terrifié.*

Cyrano !

---

1. Ce troisième vers est en fait de Rostand lui-même.

LA VOIX

Roi des pitres,
Hors de scène à l'instant !

TOUTE LA SALLE, *indignée.*

Oh !

MONTFLEURY

Mais…

LA VOIX

Tu récalcitres ?

VOIX DIVERSES, *du parterre, des loges.*

Chut ! — Assez ! — Montfleury jouez ! — Ne   185
[craignez rien !…

MONTFLEURY, *d'une voix mal assurée.*

« *Heureux qui loin des cours dans un lieu sol…* »

LA VOIX, *plus menaçante.*

Eh bien ?
Faudra-t-il que je fasse, ô Monarque des drôles,
Une plantation de bois sur vos épaules ?

*Une canne au bout d'un bras jaillit au-
dessus des têtes.*

MONTFLEURY, *d'une voix de plus
en plus faible.*

«*Heureux qui...*»

>   *La canne s'agite.*

LA VOIX

Sortez !

LE PARTERRE

Oh !

MONTFLEURY, *s'étranglant.*

>   «*Heureux qui loin des cours...*»

CYRANO, *surgissant du parterre,
debout sur une chaise, les bras croisés,
le feutre en bataille, la moustache hérissée,
le nez terrible.*

190   Ah ! je vais me fâcher !...

>   *Sensation à sa vue.*

SCÈNE IV

LES MÊMES, CYRANO,
puis BELLEROSE, JODELET

MONTFLEURY, *aux marquis*.

     Venez à mon secours,
Messieurs !

UN MARQUIS, *nonchalamment*.

 Mais jouez donc !

CYRANO

     Gros homme, si tu joues
Je vais être obligé de te fesser les joues[1] !

LE MARQUIS

Assez !

CYRANO

 Que les marquis se taisent sur leurs bancs,
Ou bien je fais tâter ma canne à leurs rubans !

TOUS LES MARQUIS, *debout*.

C'en est trop !… Montfleury…   195

1. C'est bien le ton de la *Lettre contre un gros homme* de Cyrano (voir l'édition Prévot des *Œuvres complètes* de Cyrano, Librairie Belin, 1977, pp. 88-91).

CYRANO

        Que Montfleury s'en aille,
Ou bien je l'essorille[1] et le désentripaille !

UNE VOIX

Mais…

CYRANO

Qu'il sorte !

UNE AUTRE VOIX

    Pourtant…

CYRANO

        Ce n'est pas encor fait ?

Avec le geste de retrousser ses manches.

Bon ! je vais sur la scène en guise de buffet,
Découper cette mortadelle d'Italie !

MONTFLEURY, *rassemblant toute
sa dignité.*

200 En m'insultant, Monsieur, vous insultez Thalie !

CYRANO, *très poli.*

Si cette Muse, à qui, Monsieur, vous n'êtes rien,
Avait l'honneur de vous connaître, croyez bien

---

1. *Essoriller* : couper les oreilles.

Qu'en vous voyant si gros et bête comme une urne,
Elle vous flanquerait quelque part son cothurne.

LE PARTERRE

Montfleury ! Montfleury ! — La pièce de Baro ! —   ₂₀₅

CYRANO, *à ceux qui crient autour de lui.*

Je vous en prie, ayez pitié de mon fourreau :
Si vous continuez, il va rendre sa lame !

Le cercle s'élargit.

LA FOULE, *reculant.*

Hé ! là !…

CYRANO, *à Montfleury.*

Sortez de scène !

LA FOULE, *se rapprochant et grondant.*

Oh ! oh !

CYRANO, *se retournant vivement.*

Quelqu'un réclame ?

Nouveau recul.

UNE VOIX, *chantant au fond.*

Monsieur de Cyrano
Vraiment nous tyrannise,   210
Malgré ce tyranneau
On jouera *la Clorise.*

TOUTE LA SALLE, *chantant.*

La Clorise, la Clorise !...

CYRANO

Si j'entends une fois encor cette chanson,
215   Je vous assomme tous.

UN BOURGEOIS

Vous n'êtes pas Samson !

CYRANO

Voulez-vous me prêter, Monsieur, votre mâchoire[1] ?

UNE DAME, *dans les loges.*

C'est inouï !

UN SEIGNEUR

C'est scandaleux !

UN BOURGEOIS

C'est vexatoire !

UN PAGE

Ce qu'on s'amuse !

---

1. Dans la Bible, Samson massacre les Philistins avec une mâchoire d'âne (Juges, XV, 9-17).

LE PARTERRE

Kss ! — Montfleury ! — Cyrano !

CYRANO

Silence !

LE PARTERRE, *en délire.*

Hi han ! Bêê ! Ouah, ouah ! Cocorico !

CYRANO

Je vous…   220

UN PAGE

Miâou !

CYRANO

Je vous ordonne de vous taire !
Et j'adresse un défi collectif au parterre !
— J'inscris les noms ! — Approchez-vous, jeunes
[héros !
Chacun son tour ! Je vais donner des numéros ! —
Allons, quel est celui qui veut ouvrir la liste ?
Vous, Monsieur ? Non ! Vous ? Non ! Le premier   225
[duelliste,
Je l'expédie avec les honneurs qu'on lui doit !
— Que tous ceux qui veulent mourir lèvent le doigt.

Silence.

La pudeur vous défend de voir ma lame nue ?
Pas un nom ? — Pas un doigt ? — C'est bien. Je
                                             [continue.

> *Se retournant vers la scène où Mont-*
> *fleury attend avec angoisse.*

230 Donc, je désire voir le théâtre guéri
De cette fluxion. Sinon…

> *La main à son épée.*

le bistouri !

MONTFLEURY

Je…

> CYRANO, *descend de sa chaise,*
> *s'assied au milieu du rond qui s'est formé,*
> *s'installe comme chez lui.*

Mes mains vont frapper trois claques, pleine lune !
Vous vous éclipserez à la troisième.

LE PARTERRE, *amusé.*

                                             Ah ?…

CYRANO, *frappant dans ses mains.*

                                             Une !

MONTFLEURY

Je…

UNE VOIX, *des loges.*

Restez !

LE PARTERRE

Restera… restera pas…

MONTFLEURY

                    Je crois,
Messieurs…   235

CYRANO

Deux !

MONTFLEURY

Je suis sûr qu'il vaudrait mieux que…

CYRANO

                              Trois !

Montfleury disparaît comme dans une
trappe. Tempête de rires, et sifflets de
huées.

LA SALLE

Hu !… hu !… Lâche !… Reviens !…

CYRANO, *épanoui, se renverse*
sur sa chaise et croise ses jambes.

                    Qu'il revienne, s'il l'ose !

UN BOURGEOIS

L'orateur de la troupe !

Bellerose s'avance et salue.

LES LOGES

Ah !... Voilà Bellerose !

BELLEROSE, *avec élégance.*

Nobles seigneurs...

LE PARTERRE

Non ! Non ! Jodelet !

JODELET, *s'avance, et, nasillard.*

Tas de veaux !

LE PARTERRE

Ah ! Ah ! Bravo ! très bien ! bravo !

JODELET

Pas de bravos !

240 Le gros tragédien dont vous aimez le ventre
S'est senti...

LE PARTERRE

C'est un lâche !

JODELET

Il dut sortir !

LE PARTERRE

Qu'il rentre !

LES UNS

Non !

LES AUTRES

Si !

UN JEUNE HOMME, *à Cyrano.*

Mais à la fin, monsieur, quelle raison
Avez-vous de haïr Montfleury ?

CYRANO, *gracieux, toujours assis.*

Jeune oison,
J'ai deux raisons, dont chaque est suffisante seule.
Primo : c'est un acteur déplorable, qui gueule,
Et qui soulève avec des han ! de porteur d'eau,
Le vers qu'il faut laisser s'envoler ! — *Secundo* :
Est mon secret…

LE VIEUX BOURGEOIS, *derrière lui.*

Mais vous nous privez sans scrupule
De la *Clorise* ! Je m'entête…

CYRANO, *tournant sa chaise*
vers le bourgeois, respectueusement.

Vieille mule,
250 Les vers du vieux Baro valant moins que zéro,
J'interromps sans remords !

LES PRÉCIEUSES, *dans les loges.*

Ha ! — Ho ! — Notre Baro !
Ma chère ! — Peut-on dire ?… Ah ! Dieu !…

CYRANO, *tournant sa chaise*
vers les loges, galant.

Belles personnes,
Rayonnez, fleurissez, soyez des échansonnes
De rêve, d'un sourire enchantez un trépas,
255 Inspirez-nous des vers… mais ne les jugez pas !

BELLEROSE

Et l'argent qu'il va falloir rendre !

CYRANO, *tournant sa chaise*
vers la scène.

Bellerose,
Vous avez dit la seule intelligente chose !
Au manteau de Thespis je ne fais pas de trous :

Il se lève, et lançant un sac sur la scène.

Attrapez cette bourse au vol, et taisez-vous !

LA SALLE, *éblouie.*

Ah!... Oh!...

JODELET, *ramassant prestement
la bourse et la soupesant.*

À ce prix-là, monsieur, je t'autorise
À venir chaque jour empêcher la *Clorise*!...

LA SALLE

Hu!... Hu!...

JODELET

Dussions-nous même ensemble être hués!

BELLEROSE

Il faut évacuer la salle!...

JODELET

Évacuez!...

*On commence à sortir, pendant que
Cyrano regarde d'un air satisfait. Mais la
foule s'arrête bientôt en entendant la
scène suivante, et la sortie cesse. Les
femmes qui, dans les loges, étaient déjà
debout, leur manteau remis, s'arrêtent
pour écouter, et finissent par se rasseoir.*

LE BRET, *à Cyrano.*

C'est fou!…

UN FÂCHEUX, *qui s'est approché
de Cyrano.*

Le comédien Montfleury! quel scandale!
265 Mais il est protégé par le duc de Candale!
Avez-vous un patron?

CYRANO

Non!

LE FÂCHEUX

Vous n'avez pas?…

CYRANO

Non!

LE FÂCHEUX

Quoi, pas un grand seigneur pour couvrir de son
[nom?…

CYRANO, *agacé.*

Non, ai-je dit deux fois. Faut-il donc que je trisse?
Non, pas de protecteur…

La main à son épée.

mais une protectrice!

LE FÂCHEUX

Mais vous allez quitter la ville ?   270

CYRANO

C'est selon.

LE FÂCHEUX

Mais le duc de Candale a le bras long !

CYRANO

Moins long
Que n'est le mien…

Montrant son épée.

quand je lui mets cette rallonge !

LE FÂCHEUX

Mais vous ne songez pas à prétendre…

CYRANO

J'y songe.

LE FÂCHEUX

Mais…

CYRANO

Tournez les talons, maintenant.

LE FÂCHEUX

                              Mais…

CYRANO

                              Tournez !
275 — Ou dites-moi pourquoi vous regardez mon nez.

LE FÂCHEUX, *ahuri*.

Je…

CYRANO, *marchant sur lui*.

   Qu'a-t-il d'étonnant ?

LE FÂCHEUX, *reculant*.

                    Votre Grâce se trompe…

CYRANO

Est-il mol et ballant, monsieur, comme une
                              [trompe ?…

LE FÂCHEUX, *même jeu*.

Je n'ai pas…

CYRANO

   Ou crochu comme un bec de hibou ?

LE FÂCHEUX

Je…

CYRANO

Y distingue-t-on une verrue au bout ?

LE FÂCHEUX

Mais…

CYRANO

Ou si quelque mouche, à pas lents, s'y promène ?
Qu'a-t-il d'hétéroclite ?

LE FÂCHEUX

Oh !…

CYRANO

Est-ce un phénomène ?

LE FÂCHEUX

Mais d'y porter les yeux, j'avais su me garder !

CYRANO

Et pourquoi, s'il vous plaît, ne pas le regarder ?

LE FÂCHEUX

J'avais…

CYRANO

Il vous dégoûte alors ?

LE FÂCHEUX

Monsieur…

CYRANO

Malsaine

285 Vous semble sa couleur ?

LE FÂCHEUX

Monsieur !

CYRANO

Sa forme, obscène ?

LE FÂCHEUX

Mais du tout !…

CYRANO

Pourquoi donc prendre un air dénigrant ?
— Peut-être que monsieur le trouve un peu trop
[grand ?

LE FÂCHEUX, *balbutiant.*

Je le trouve petit, tout petit, minuscule !

CYRANO

Hein ? comment ? m'accuser d'un pareil ridicule ?
290 Petit, mon nez ? Holà !

LE FÂCHEUX

Ciel !

CYRANO

Énorme, mon nez !
— Vil camus, sot camard, tête plate, apprenez
Que je m'enorgueillis d'un pareil appendice,
Attendu qu'un grand nez est proprement l'indice
D'un homme affable, bon, courtois, spirituel,
Libéral, courageux, tel que je suis, et tel   295
Qu'il vous est interdit à jamais de vous croire,
Déplorable maraud ! car la face sans gloire
Que va chercher ma main en haut de votre col,
Est aussi dénuée…

Il le soufflette.

LE FÂCHEUX

Ay !

CYRANO

De fierté, d'envol,
De lyrisme, de pittoresque, d'étincelle,   300
De somptuosité, de Nez enfin, que celle…

Il le retourne par les épaules, joignant
le geste à la parole.

Que va chercher ma botte au bas de votre dos !

LE FÂCHEUX, *se sauvant.*

Au secours ! À la garde !

CYRANO

　　　　　Avis donc aux badauds
Qui trouveraient plaisant mon milieu de visage,
305　Et si le plaisantin est noble, mon usage
Est de lui mettre, avant de le laisser s'enfuir,
Par devant, et plus haut, du fer, et non du cuir !

DE GUICHE, *qui est descendu de la scène,*
avec les marquis.

Mais à la fin il nous ennuie !

LE VICOMTE DE VALVERT, *haussant*
les épaules.

　　　　　　Il fanfaronne !

DE GUICHE

Personne ne va donc lui répondre ?…

LE VICOMTE

　　　　　　Personne ?
310　Attendez ! Je vais lui lancer un de ces traits !…

Il s'avance vers Cyrano qui l'observe,
et se campant devant lui d'un air fat.

Vous… vous avez un nez… heu… un nez… très
[grand.

CYRANO, *gravement*.

Très.

LE VICOMTE, *riant*.

Ha !

CYRANO, *imperturbable*.

C'est tout ?…

LE VICOMTE

Mais…

CYRANO

Ah ! non ! c'est un peu court, jeune homme !
On pouvait dire… Oh ! Dieu !… bien des choses en
[somme…
En variant le ton, — par exemple, tenez :
Agressif : « Moi, monsieur, si j'avais un tel nez,   315
Il faudrait sur-le-champ que je me l'amputasse ! »
Amical : « Mais il doit tremper dans votre tasse :
Pour boire, faites-vous fabriquer un hanap ! »
Descriptif : « C'est un roc !… c'est un pic !… c'est
[un cap !
Que dis-je, c'est un cap ?… C'est une péninsule ! »   320
Curieux : « De quoi sert cette oblongue capsule ?
D'écritoire, monsieur, ou de boîte à ciseaux ? »
Gracieux : « Aimez-vous à ce point les oiseaux

Que paternellement vous vous préoccupâtes
325   De tendre ce perchoir à leurs petites pattes ? »
Truculent : « Ça, monsieur, lorsque vous pétunez,
La vapeur du tabac vous sort-elle du nez
Sans qu'un voisin ne crie au feu de cheminée ? »
Prévenant : « Gardez-vous, votre tête entraînée
330   Par ce poids, de tomber en avant sur le sol ! »
Tendre : « Faites-lui faire un petit parasol
De peur que sa couleur au soleil ne se fane ! »
Pédant : « L'animal seul, monsieur, qu'Aristophane
Appelle Hippocampelephantocamélos [1]
335   Dut avoir sous le front tant de chair sur tant d'os ! »
Cavalier : « Quoi, l'ami, ce croc est à la mode ?
Pour pendre son chapeau, c'est vraiment très
[commode ! »

1. L'origine de cet animal fabuleux pose une énigme. Il ne
se trouve pas chez Aristophane. E. A. Bird, dans son édition
(voir la Bibliographie), indiquait sans autre précision qu'il
apparaît dans les *Lettres diverses* de Le Bret (voir la notice).
En voici le texte, attaque contre un médecin « se produisant
partout avec tant d'impudence, je croy qu'il y auroit justice de
lui ordonner de ne se dire au plus que l'Hippocampéléphanto-
camelos de Lucille, qui après Aristophane baptisa ainsi un
Pédan » (Le Bret, *Lettres diverses*, s.l.n.d.). Le Bret ne nous
éclaire guère, car si le mot ne se trouve pas chez Aristophane,
comme nous le disions, il n'est pas davantage chez Lucille
(c'est-à-dire Lucilius, poète latin du IIe siècle avant J.-C., dont
l'œuvre, entièrement perdue, n'est connue qu'à travers des
citations faites par des orateurs ou des grammairiens). S'il
n'y a pas erreur de notre part, et si Le Bret ne cite pas une
satire perdue de Lucilius citant lui-même une comédie perdue
d'Aristophane…, il faut en conclure que Rostand, préparant
Cyrano, a bien lu les *Lettres* de Le Bret et en a tiré le terme.

Emphatique : « Aucun vent ne peut, nez magistral,
T'enrhumer tout entier, excepté le mistral ! »
Dramatique : « C'est la Mer Rouge quand il 340
[saigne ! »
Admiratif : « Pour un parfumeur, quelle enseigne ! »
Lyrique : « Est-ce une conque, êtes-vous un triton ? »
Naïf : « Ce monument, quand le visite-t-on ? »
Respectueux : « Souffrez, monsieur, qu'on vous
[salue,
C'est là ce qui s'appelle avoir pignon sur rue ! » 345
Campagnard : « Hé, ardé ! C'est-y un nez ? Nanain !
C'est queuqu'navet géant ou ben queuqu'melon
[nain ! »
Militaire : « Pointez contre cavalerie ! »
Pratique : « Voulez-vous le mettre en loterie ?
Assurément, monsieur, ce sera le gros lot ! » 350
Enfin parodiant Pyrame en un sanglot :
« Le voilà donc ce nez qui des traits de son maître
A détruit l'harmonie ! Il en rougit, le traître[1] ! »
— Voilà ce qu'à peu près, mon cher, vous
[m'auriez dit
Si vous aviez un peu de lettres et d'esprit : 355

---

1. Parodie des vers fameux du *Pyrame et Thisbé* (1617) de
Théophile de Viau :

Ha ! voici le poignard qui du sang de son maître
S'est souillé lâchement ; il en rougit, le traître ! (V, 2).

(*Théâtre du* XVIIᵉ *siècle*, Bibliothèque de la Pléiade, t. 1,
p. 285.)

Mais d'esprit, ô le plus lamentable des êtres,
Vous n'en eûtes jamais un atome, et de lettres
Vous n'avez que les trois qui forment le mot : sot !
Eussiez-vous eu, d'ailleurs, l'invention qu'il faut
360 Pour pouvoir là, devant ces nobles galeries,
Me servir toutes ces folles plaisanteries,
Que vous n'en eussiez pas articulé le quart
De la moitié du commencement d'une, car
Je me les sers moi-même, avec assez de verve,
365 Mais je ne permets pas qu'un autre me les serve.

DE GUICHE, *voulant emmener
le vicomte pétrifié.*

Vicomte, laissez donc !

LE VICOMTE, *suffoqué.*

Ces grands airs arrogants !
Un hobereau qui… qui… n'a même pas de gants !
Et qui sort sans rubans, sans bouffettes, sans ganses !

CYRANO

Moi, c'est moralement que j'ai mes élégances.
370 Je ne m'attife pas ainsi qu'un freluquet,
Mais je suis plus soigné si je suis moins coquet ;
Je ne sortirais pas avec, par négligence,
Un affront pas très bien lavé, la conscience
Jaune encore de sommeil dans le coin de son œil,
375 Un honneur chiffonné, des scrupules en deuil.
Mais je marche sans rien sur moi qui ne reluise,
Empanaché d'indépendance et de franchise ;

Ce n'est pas une taille avantageuse, c'est
Mon âme que je cambre ainsi qu'en un corset,
Et tout couvert d'exploits qu'en rubans je m'attache, 380
Retroussant mon esprit ainsi qu'une moustache,
Je fais, en traversant les groupes et les ronds,
Sonner les vérités comme des éperons.

LE VICOMTE

Mais, monsieur…

CYRANO

Je n'ai pas de gants ?… la belle affaire !
Il m'en restait un seul… d'une très vieille paire ! 385
— Lequel m'était d'ailleurs encor fort importun :
Je l'ai laissé dans la figure de quelqu'un.

LE VICOMTE

Maraud, faquin, butor de pied plat ridicule !

CYRANO, *ôtant son chapeau*
et saluant comme si le vicomte venait
de se présenter.

Ah ?… Et moi, Cyrano-Savinien-Hercule[1]
De Bergerac. 390

Rires.

---

1. Ce sont les authentiques prénoms dont usait Cyrano,
variant l'ordre et l'emploi ; la chose était célèbre, et on s'en
amusait, comme fait Scarron dans son *Dom Japhet d'Arménie*
— en des vers qui pourraient être de Rostand :

LE VICOMTE, *exaspéré.*

Bouffon !

CYRANO, *poussant un cri comme
lorsqu'on est saisi d'une crampe.*

Ay !…

LE VICOMTE, *qui remontait,
se retournant.*

Qu'est-ce encor qu'il dit ?

CYRANO, *avec des grimaces de douleur.*

Il faut la remuer car elle s'engourdit…
— Ce que c'est que de la laisser inoccupée ! —
Ay !…

LE VICOMTE

Qu'avez-vous ?

CYRANO

J'ai des fourmis dans mon épée !

―――

… Dom Zapata Pascal !
Ou Pascal Zapata, car il n'importe guère
Que Pascal soit devant ou Pascal soit derrière (II, 1).

(*Théâtre du* XVIIᵉ *siècle*, Bibliothèque de la Pléiade, t. II,
p. 697.)

LE VICOMTE, *tirant la sienne.*

Soit !

CYRANO

Je vais vous donner un petit coup charmant.

LE VICOMTE, *méprisant.*

Poète !…   395

CYRANO

Oui, monsieur, poète ! et tellement,
Qu'en ferraillant je vais — hop ! — à l'improvisade,
Vous composer une ballade.

LE VICOMTE

                Une ballade ?

CYRANO

Vous ne vous doutez pas de ce que c'est, je crois ?

LE VICOMTE

Mais…

CYRANO, *récitant comme une leçon.*

    La ballade, donc, se compose de trois
Couplets de huit vers…   400

LE VICOMTE, *piétinant.*

            Oh !

CYRANO, *continuant.*

Et d'un envoi de quatre…

LE VICOMTE

Vous…

CYRANO

Je vais tout ensemble en faire une et me battre,
Et vous toucher, monsieur, au dernier vers.

LE VICOMTE

Non !

CYRANO

Non ?

Déclamant.

«*Ballade du duel qu'en l'hôtel bourguignon
Monsieur de Bergerac eut avec un bélître !*»

LE VICOMTE

405   Qu'est-ce que c'est que ça, s'il vous plaît ?

CYRANO

C'est le titre.

LA SALLE, *surexcitée au plus haut point.*

Place ! — Très amusant ! — Rangez-vous ! — Pas
[de bruits !

Tableau. Cercle de curieux au parterre,
les marquis et les officiers mêlés aux bour-
geois et aux gens du peuple ; les pages
grimpés sur des épaules pour mieux voir.
Toutes les femmes debout dans les loges. À
droite, De Guiche et ses gentilshommes. À
gauche, Le Bret, Ragueneau, Cuigy, etc.

CYRANO, *fermant une seconde les yeux.*

Attendez !… je choisis mes rimes… Là, j'y suis.

Il fait ce qu'il dit, à mesure.

Je jette avec grâce mon feutre,
Je fais lentement l'abandon
Du grand manteau qui me calfeutre,   410
Et je tire mon espadon ;
Élégant comme Céladon,
Agile comme Scaramouche,
Je vous préviens, cher Mirmydon,
Qu'à la fin de l'envoi je touche !   415

Premiers engagements de fer.

Vous auriez bien dû rester neutre ;
Où vais-je vous larder, dindon ?…
Dans le flanc, sous votre maheutre ?…
Au cœur, sous votre bleu cordon ?…
— Les coquilles tintent, ding-don !   420
Ma pointe voltige : une mouche !

Décidément… c'est au bedon,
Qu'à la fin de l'envoi, je touche.

Il me manque une rime en eutre…
425 *Vous rompez, plus blanc qu'amidon ?*
C'est pour me fournir le mot pleutre !
— Tac ! je pare la pointe dont
Vous espériez me faire don : —
J'ouvre la ligne, — je la bouche…
430 *Tiens bien ta broche, Laridon*[1] *!*
À la fin de l'envoi, je touche.

Il annonce solennellement :

ENVOI

Prince, demande à Dieu pardon !
Je quarte du pied, j'escarmouche,
Je coupe, je feinte…

Se fendant.

Hé ! là donc,

Le vicomte chancelle ; Cyrano salue.

435 *À la fin de l'envoi, je touche*[2].

1. Laridon est un chien de cuisine dégénéré dans *L'Éduca-tion* de la Fontaine (*Fables*, VIII, XXIV).
2. Ce pastiche de ballade a servi de modèle à son tour : Ray-mond Roussel l'utilise dans l'«ode victorieuse» de *Chique-naude* ainsi que le remarque F. Caradec, *Raymond Roussel*, Fayard, 1997, p. 77.

Acclamations. Applaudissements dans les loges. Des fleurs et des mouchoirs tombent. Les officiers entourent et félicitent Cyrano. Ragueneau danse d'enthousiasme. Le Bret est heureux et navré. Les amis du vicomte le soutiennent et l'emmènent.

LA FOULE, *en un long cri.*

Ah !...

UN CHEVAU-LÉGER

Superbe !

UNE FEMME

Joli !

RAGUENEAU

Pharamineux !

UN MARQUIS

Nouveau !...

LE BRET

Insensé !

Bousculade autour de Cyrano. On entend.

... Compliments... félicite... bravo...

VOIX DE FEMME

C'est un héros !…

UN MOUSQUETAIRE, *s'avançant vivement*
vers Cyrano, la main tendue.

Monsieur, voulez-vous me permettre ?…
C'est tout à fait très bien, et je crois m'y connaître ;
440 J'ai du reste exprimé ma joie en trépignant !…

Il s'éloigne.

CYRANO, *à Cuigy.*

Comment s'appelle donc ce monsieur ?

CUIGY

D'Artagnan[1].

LE BRET, *à Cyrano, lui prenant le bras.*

Çà, causons !…

CYRANO

Laisse un peu sortir cette cohue…

---

1. Le vrai d'Artagnan (1615-1673) arriva à Paris en 1635.
Rostand l'utilise avec une grande économie, si l'on songe que
le héros de Dumas, comme Cyrano, participa au siège d'Arras :
la confrontation a été développée dans un film (*Cyrano et
d'Artagnan*) d'Abel Gance (1964). — Les amateurs d'anachro-
nismes noteront que d'Artagnan entra aux Mousquetaires en
1644 seulement et qu'il n'a donc pas droit ici à cet uniforme !

> *À Bellerose.*

Je peux rester ?

> BELLEROSE, *respectueusement.*
> Mais oui !…

> *On entend des cris au dehors.*

> JODELET, *qui a regardé.*
> C'est Montfleury qu'on hue !

> BELLEROSE, *solennellement.*

Sic transit !…

> *Changeant de ton, au portier et au moucheur de chandelles.*

> Balayez. Fermez. N'éteignez pas.
Nous allons revenir après notre repas,
Répéter pour demain une nouvelle farce.

> *Jodelet et Bellerose sortent, après de grands saluts à Cyrano.*

> LE PORTIER, *à Cyrano.*

Vous ne dînez donc pas ?

> CYRANO
> Moi ?… Non.

> *Le portier se retire.*

LE BRET, *à Cyrano.*

Parce que ?

CYRANO, *fièrement.*

Parce…

*Changeant de ton, en voyant que le
portier est loin.*

Que je n'ai pas d'argent !…

LE BRET, *faisant le geste de lancer
un sac.*

Comment ! le sac d'écus ?…

CYRANO

Pension paternelle, en un jour, tu vécus !

LE BRET

450 Pour vivre tout un mois, alors ?…

CYRANO

Rien ne me reste.

LE BRET

Jeter ce sac, quelle sottise !

CYRANO

Mais quel geste !…

LA DISTRIBUTRICE, *toussant derrière*
son petit comptoir.

Hum!...

> *Cyrano et Le Bret se retournent. Elle*
> *s'avance intimidée.*

Monsieur... Vous savoir jeûner... le cœur
[me fend...

> *Montrant le buffet.*

J'ai là tout ce qu'il faut...

> *Avec élan.*

Prenez !

CYRANO, *se découvrant.*

Ma chère enfant,
Encor que mon orgueil de Gascon m'interdise
D'accepter de vos doigts la moindre friandise,   455
J'ai trop peur qu'un refus ne vous soit un chagrin,
Et j'accepterai donc...

> *Il va au buffet et choisit.*

Oh! peu de chose ! — un grain
De ce raisin...

> *Elle veut lui donner la grappe, il*
> *cueille un grain.*

Un seul !... ce verre d'eau...

Elle veut y verser du vin, il l'arrête.

limpide !

— Et la moitié d'un macaron !

Il rend l'autre moitié.

LE BRET

Mais c'est stupide !

LA DISTRIBUTRICE

460 Oh ! quelque chose encor !

CYRANO

Oui. La main à baiser.

Il baise, comme la main d'une princesse, la main qu'elle lui tend.

LA DISTRIBUTRICE

Merci, monsieur.

Révérence.

Bonsoir.

Elle sort.

SCÈNE V

CYRANO, LE BRET, *puis* LE PORTIER

CYRANO, *à Le Bret.*

Je t'écoute causer.

Il s'installe devant le buffet et rangeant devant lui le macaron.

Dîner !…

… *le verre d'eau.*

Boisson !…

… *le grain de raisin.*

Dessert !…

Il s'assied.

Là, je me mets à table !
— Ah !… j'avais une faim, mon cher, épouvantable !

Mangeant.

— Tu disais ?

LE BRET

Que ces fats aux grands airs belliqueux
Te fausseront l'esprit si tu n'écoutes qu'eux !…

Va consulter des gens de bon sens, et t'informe
De l'effet qu'a produit ton algarade.

CYRANO, *achevant son macaron.*

Énorme.

LE BRET

Le Cardinal...

CYRANO, *s'épanouissant.*

Il était là, le Cardinal ?

LE BRET

A dû trouver cela...

CYRANO

Mais très original.

LE BRET

470 Pourtant...

CYRANO

C'est un auteur. Il ne peut lui déplaire
Que l'on vienne troubler la pièce d'un confrère[1].

1. Richelieu, que passionnait le théâtre, écrivit plusieurs
pièces en collaboration, sans les signer, dont une *Roxane* et
une *Europe*. On a vu l'origine de la querelle du *Cid* dans le
refus par Corneille d'une telle collaboration. À la fin du chapitre XXXIX des *Trois Mousquetaires*, d'Artagnan a la vision
de Richelieu travaillant à une tragédie.

LE BRET

Tu te mets sur les bras, vraiment, trop d'ennemis !

CYRANO, *attaquant son grain de raisin.*

Combien puis-je, à peu près, ce soir, m'en être mis ?

LE BRET

Quarante-huit. Sans compter les femmes.

CYRANO

Voyons, compte !

LE BRET

Montfleury, le bourgeois, de Guiche, le vicomte,   475
Baro, l'Académie…

CYRANO

Assez ! tu me ravis !

LE BRET

Mais où te mènera la façon dont tu vis ?
Quel système est le tien ?

CYRANO

J'errais dans un méandre ;
J'avais trop de partis, trop compliqués, à prendre ;
J'ai pris…   480

LE BRET

Lequel ?

CYRANO

    Mais le plus simple, de beaucoup.
J'ai décidé d'être admirable, en tout, pour tout !

LE BRET, *haussant les épaules.*

Soit ! — Mais enfin, à moi, le motif de ta haine
Pour Montfleury, le vrai, dis-le-moi !

CYRANO, *se levant.*

                Ce Silène,
Si ventru que son doigt n'atteint pas son nombril,
485 Pour les femmes encor se croit un doux péril,
Et leur fait, cependant qu'en jouant il bredouille,
Des yeux de carpe avec ses gros yeux de
                        [grenouille !...
Et je le hais depuis qu'il se permit, un soir,
De poser son regard, sur celle... Oh ! j'ai cru voir
490 Glisser sur une fleur une longue limace !

LE BRET, *stupéfait.*

Hein ? Comment ? Serait-il possible ?...

CYRANO, *avec un rire amer.*

                  Que j'aimasse ?...

> *Changeant de ton et gravement.*

J'aime.

LE BRET

Et peut-on savoir? tu ne m'as jamais dit?…

CYRANO

Qui j'aime?… Réfléchis, voyons. Il m'interdit
Le rêve d'être aimé même par une laide,
Ce nez qui d'un quart d'heure en tous lieux me   495
                          [précède[1] ;
Alors moi, j'aime qui?… Mais cela va de soi !
J'aime — mais c'est forcé ! — la plus belle qui soit !

LE BRET

La plus belle?…

CYRANO

               Tout simplement, qui soit au monde !
La plus brillante, la plus fine,

> *Avec accablement.*

          la plus blonde !

LE BRET

Eh ! mon Dieu, quelle est donc cette femme?…   500

---

1. Dans la comédie de Cyrano, *Le Pédant joué* (III, ii), on lit : « Cet authentique nez arrive partout un quart d'heure auparavant son maître » (*Théâtre du XVIIᵉ siècle*, Bibliothèque de la Pléiade, t. II, p. 798).

CYRANO

Un danger
Mortel sans le vouloir, exquis sans y songer,
Un piège de nature, une rose muscade
Dans laquelle l'amour se tient en embuscade !
Qui connaît son sourire a connu le parfait.
505 Elle fait de la grâce avec rien, elle fait
Tenir tout le divin dans un geste quelconque,
Et tu ne saurais pas, Vénus, monter en conque,
Ni toi, Diane, marcher dans les grands bois fleuris,
Comme elle monte en chaise et marche dans
[Paris !...

LE BRET

510 Sapristi ! je comprends. C'est clair !

CYRANO

C'est diaphane.

LE BRET

Magdeleine Robin, ta cousine ?

CYRANO

Oui, — Roxane.

LE BRET

Eh bien ! mais c'est au mieux ! Tu l'aimes ?
[Dis-le-lui !
Tu t'es couvert de gloire à ses yeux aujourd'hui !

CYRANO

Regarde-moi, mon cher, et dis quelle espérance
Pourrait bien me laisser cette protubérance ! 515
Oh ! je ne me fais pas d'illusion ! — Parbleu,
Oui, quelquefois, je m'attendris, dans le soir bleu ;
J'entre en quelque jardin où l'heure se parfume ;
Avec mon pauvre grand diable de nez je hume
L'avril, — je suis des yeux, sous un rayon d'argent, 520
Au bras d'un cavalier, quelque femme, en songeant
Que pour marcher, à petits pas, dans de la lune,
Aussi moi j'aimerais au bras en avoir une,
Je m'exalte, j'oublie… et j'aperçois soudain
L'ombre de mon profil sur le mur du jardin ! 525

LE BRET, *ému.*

Mon ami !…

CYRANO

Mon ami, j'ai de mauvaises heures !
De me sentir si laid, parfois, tout seul…

LE BRET, *vivement, lui prenant la main.*

Tu pleures ?

CYRANO

Ah ! non, cela, jamais ! Non, ce serait trop laid,
Si le long de ce nez une larme coulait !
Je ne laisserai pas, tant que j'en serai maître, 530

La divine beauté des larmes se commettre
Avec tant de laideur grossière !... Vois-tu bien,
Les larmes, il n'est rien de plus sublime, rien,
Et je ne voudrais pas qu'excitant la risée,
535   Une seule, par moi, fût ridiculisée !...

LE BRET

Va, ne t'attriste pas ! L'amour n'est que hasard !

CYRANO, *secouant la tête.*

Non ! J'aime Cléopâtre : ai-je l'air d'un César ?
J'adore Bérénice : ai-je l'aspect d'un Tite ?

LE BRET

Mais ton courage ! ton esprit ! — Cette petite
540   Qui t'offrait là, tantôt, ce modeste repas,
Ses yeux, tu l'as bien vu, ne te détestaient pas !

CYRANO, *saisi.*

C'est vrai !

LE BRET

Hé ! bien ! alors ?... Mais, Roxane, elle-même,
Toute blême a suivi ton duel !...

CYRANO

Toute blême ?

LE BRET

Son cœur et son esprit déjà sont étonnés !
Ose, et lui parle, afin…

545

CYRANO

Qu'elle me rie au nez ?
Non ! — C'est la seule chose au monde que je
[craigne !

LE PORTIER, *introduisant quelqu'un
à Cyrano.*

Monsieur, on vous demande…

CYRANO, *voyant la duègne.*

Ah ! mon Dieu ! Sa duègne !

SCÈNE VI

CYRANO, LE BRET, LA DUÈGNE

LA DUÈGNE, *avec un grand salut.*

De son vaillant cousin on désire savoir
Où l'on peut, en secret, le voir.

CYRANO, *bouleversé.*

Me voir ?

LA DUÈGNE, *avec une révérence.*

Vous voir.

550 — On a des choses à vous dire.

CYRANO

Des?...

LA DUÈGNE, *nouvelle révérence.*

Des choses!

CYRANO, *chancelant.*

Ah! mon Dieu!

LA DUÈGNE

L'on ira, demain, aux primes roses
D'aurore, — ouïr la messe à Saint-Roch.

CYRANO, *se soutenant sur Le Bret.*

Ah! mon Dieu!

LA DUÈGNE

En sortant, — où peut-on entrer, causer un peu?

CYRANO, *affolé.*

Où?... Je... mais... Ah! mon Dieu!...

LA DUÈGNE

Dites vite.

CYRANO

        Je cherche !…

LA DUÈGNE

Où ?…   555

CYRANO

Chez… chez… Ragueneau… le pâtissier…

LA DUÈGNE

        Il perche ?

CYRANO

Dans la rue — Ah ! mon Dieu, mon Dieu ! —
       [Saint-Honoré !…

LA DUÈGNE, *remontant.*

On ira. Soyez-y. Sept heures.

CYRANO

        J'y serai.

       La duègne sort.

SCÈNE VII

CYRANO, LE BRET, *puis* LES COMÉDIENS,
LES COMÉDIENNES, CUIGY, BRISSAILLE,
LIGNIÈRE, LE PORTIER, LES VIOLONS

CYRANO, *tombant dans les bras
de Le Bret.*

Moi !… D'elle !… Un rendez-vous !…

LE BRET

Eh bien ! tu n'es plus triste ?

CYRANO

Ah ! pour quoi que ce soit, elle sait que j'existe !

LE BRET

560 Maintenant, tu vas être calme ?

CYRANO, *hors de lui.*

Maintenant…
Mais je vais être frénétique et fulminant !
Il me faut une armée entière à déconfire !
J'ai dix cœurs ; j'ai vingt bras ; il ne peut me suffire
De pourfendre des nains…

Il crie à tue-tête.

Il me faut des géants !

Depuis un moment, sur la scène, au fond, des ombres de comédiens et de comédiennes s'agitent, chuchotent : on commence à répéter. Les violons ont repris leur place.

UNE VOIX, *de la scène.*

Hé ! pst ! là-bas ! Silence ! on répète céans !   565

CYRANO, *riant.*

Nous partons !

Il remonte ; par la grande porte du fond, entrent Cuigy, Brissaille, plusieurs officiers, qui soutiennent Lignière complètement ivre.

CUIGY

Cyrano !

CYRANO

Qu'est-ce ?

CUIGY

Une énorme grive
Qu'on t'apporte !

CYRANO, *le reconnaissant.*

Lignière !... Hé, qu'est-ce qui t'arrive ?

CUIGY

Il te cherche !

BRISSAILLE

Il ne peut rentrer chez lui !

CYRANO

Pourquoi ?

LIGNIÈRE, *d'une voix pâteuse,*
lui montrant un billet tout chiffonné.

Ce billet m'avertit… cent hommes contre moi…
570   À cause de… chanson… grand danger me menace…
Porte de Nesle… Il faut, pour rentrer, que j'y
[passe…
Permets-moi donc d'aller coucher sous… sous ton
[toit !

CYRANO

Cent hommes, m'as-tu dit ? Tu coucheras chez toi !

LIGNIÈRE, *épouvanté.*

Mais…

CYRANO, *d'une voix terrible, lui montrant*
la lanterne allumée que le portier balance
en écoutant curieusement cette scène.

Prends cette lanterne !…

Lignière saisit précipitamment la lanterne.

Et marche ! — Je te jure
Que c'est moi qui ferai ce soir ta couverture !...   575

Aux officiers.

Vous, suivez à distance, et vous serez témoins !

CUIGY

Mais cent hommes !...

CYRANO

Ce soir, il ne m'en faut pas moins !

Les comédiens et les comédiennes, descendus de scène, se sont rapprochés dans leurs divers costumes.

LE BRET

Mais pourquoi protéger...

CYRANO

Voilà Le Bret qui grogne !

LE BRET

Cet ivrogne banal ?...

CYRANO, *frappant sur l'épaule
de Lignière.*

Parce que cet ivrogne,
580 Ce tonneau de muscat, ce fût de rossoli[1],
Fit quelque chose un jour de tout à fait joli :
Au sortir d'une messe ayant, selon le rite,
Vu celle qu'il aimait prendre de l'eau bénite,
Lui que l'eau fait sauver, courut au bénitier,
585 Se pencha sur sa conque et le but tout entier !...

UNE COMÉDIENNE, *en costume
de soubrette.*

Tiens, c'est gentil, cela !

CYRANO

N'est-ce pas, la soubrette ?

LA COMÉDIENNE, *aux autres.*

Mais pourquoi sont-ils cent contre un pauvre poète ?

CYRANO

Marchons !

Aux officiers.

Et vous, messieurs, en me voyant charger,
Ne me secondez pas, quel que soit le danger !

1. *Rossoli* : liqueur sucrée servie à la fin du repas.

UNE AUTRE COMÉDIENNE,
sautant de la scène.

Oh ! mais moi je vais voir !   590

CYRANO

Venez !...

UNE AUTRE, *sautant aussi,*
à un vieux comédien.

Viens-tu, Cassandre ?...

CYRANO

Venez tous, le Docteur, Isabelle, Léandre,
Tous ! Car vous allez joindre, essaim charmant et
                                                        [fol,
La farce italienne à ce drame espagnol,
Et sur son ronflement tintant un bruit fantasque,
L'entourer de grelots comme un tambour de   595
                                            [basque !...

TOUTES LES FEMMES, *sautant de joie.*

Bravo ! — Vite, une mante ! — Un capuchon !

JODELET

Allons !

CYRANO, *aux violons.*

Vous nous jouerez un air, messieurs les violons !

> *Les violons se joignent au cortège qui*
> *se forme. On s'empare des chandelles*
> *allumées de la rampe et on se les distribue.*
> *Cela devient une retraite aux flambeaux.*

Bravo ! des officiers, des femmes en costume,
Et vingt pas en avant…

> *Il se place comme il dit.*

Moi, tout seul, sous la plume
600 Que la gloire elle-même à ce feutre piqua,
Fier comme un Scipion triplement Nasica[1] !…
— C'est compris ? Défendu de me prêter main-
                              [forte ! —
On y est ?… Un, deux, trois ! Portier, ouvre la porte !

> *Le portier ouvre à deux battants. Un*
> *coin du vieux Paris pittoresque lunaire*
> *paraît.*

Ah !… Paris fuit, nocturne et quasi nébuleux ;
605 Le clair de lune coule aux pentes des toits bleus ;
Un cadre se prépare, exquis, pour cette scène ;
Là-bas, sous des vapeurs en écharpe, la Seine,
Comme un mystérieux et magique miroir,
Tremble… Et vous allez voir ce que vous allez voir !

---

1. Nasica, «qui a le nez pointu», était un surnom de la
famille des Scipion.

TOUS

À la porte de Nesle !

CYRANO, *debout sur le seuil.*

À la porte de Nesle[1] !

*Se retournant avant de sortir, à la sou-
brette.*

Ne demandiez-vous pas pourquoi, mademoiselle,
Contre ce seul rimeur cent hommes furent mis ?

Il tire l'épée et, tranquillement.

C'est parce qu'on savait qu'il est de mes amis !

*Il sort. Le cortège, — Lignière zigza-
guant en tête, — puis les comédiennes aux
bras des officiers, — puis les comédiens
gambadant, — se met en marche dans la
nuit au son des violons, et à la lueur
falote des chandelles.*

RIDEAU

---

1. Écho amusé des « À la tour de Nesle ! » de la pièce de
Dumas (1832).

DEUXIÈME ACTE

LA RÔTISSERIE DES POÈTES

La boutique de Ragueneau, rôtisseur-pâtissier, vaste ouvroir au coin de la rue Saint-Honoré et de la rue de l'Arbre-Sec qu'on aperçoit largement au fond, par le vitrage de la porte, grises dans les premières lueurs de l'aube[1].

À gauche, premier plan, comptoir surmonté d'un dais en fer forgé, auquel sont accrochés des oies, des canards, des paons blancs. Dans de grands vases de faïence de hauts bouquets de fleurs naïves, principalement des tournesols jaunes. Du même côté, second plan, immense cheminée devant laquelle, entre de monstrueux chenets, dont chacun supporte une petite marmite, les rôtis pleurent dans les lèchefrites.

À droite, premier plan avec porte. Deuxième

---

1. La pâtisserie de Cyprien Ragueneau se trouvait effectivement rue Saint-Honoré ; Rostand la place au coin de la rue de l'Arbre-Sec, soit au carrefour longtemps nommé Croix-du-Trahoir, près d'un célèbre cabaret de ce nom.

plan, un escalier montant à une petite salle en sou-
pente, dont on aperçoit l'intérieur par des volets
ouverts ; une table y est dressée, un menu lustre
flamand y luit : c'est un réduit où l'on va manger
et boire. Une galerie de bois, faisant suite à l'escalier, semble mener à d'autres petites salles ana-
logues.

Au milieu de la rôtisserie, un cercle en fer que
l'on peut faire descendre avec une corde, et auquel
de grosses pièces sont accrochées, fait un lustre de
gibier.

Les fours, dans l'ombre, sous l'escalier, rou-
geoient. Des cuivres étincellent. Des broches tournent. Des pièces montées pyramident. Des jambons
pendent. C'est le coup de feu matinal. Bousculade
de marmitons effarés, d'énormes cuisiniers et de
minuscules gâte-sauces. Foisonnement de bonnets
à plume de poulet ou à aile de pintade. On apporte,
sur des plaques de tôle et des clayons d'osier, des
quinconces de brioches, des villages de petits-fours.

Des tables sont couvertes de gâteaux et de plats.
D'autres, entourées de chaises, attendent les man-
geurs et les buveurs. Une plus petite, dans un coin,
disparaît sous les papiers. Ragueneau y est assis
au lever du rideau, il écrit.

SCÈNE PREMIÈRE

RAGUENEAU, PÂTISSIER, *puis* LISE ;
Ragueneau, à la petite table,
écrivant d'un air inspiré, et comptant
sur ses doigts.

PREMIER PÂTISSIER, *apportant*
une pièce montée.

Fruits en nougat !

DEUXIÈME PÂTISSIER, *apportant un plat.*

Flan !

TROISIÈME PÂTISSIER, *apportant*
un rôti paré de plumes.

Paon !

QUATRIÈME PÂTISSIER, *apportant*
une plaque de gâteaux.

Roinsoles[1] !

CINQUIÈME PÂTISSIER, *apportant*
une sorte de terrine.

Bœuf en daube !

1. *Roinsoles* : forme archaïque de rissoles.

RAGUENEAU, *cessant d'écrire*
et levant la tête.

Sur les cuivres, déjà, glisse l'argent de l'aube !   615
Étouffe en toi le dieu qui chante, Ragueneau !
L'heure du luth viendra, — c'est l'heure du
                                                [fourneau !

Il se lève. — À un cuisinier.

Vous, veuillez m'allonger cette sauce, elle est
                                                [courte !

LE CUISINIER

De combien ?

RAGUENEAU

De trois pieds.

Il passe.

LE CUISINIER

Hein !

PREMIER PÂTISSIER

La tarte !

DEUXIÈME PÂTISSIER

La tourte !

RAGUENEAU, *devant la cheminée.*

620 Ma Muse, éloigne-toi, pour que tes yeux charmants
N'aillent pas se rougir au feu de ces sarments !

> *À un pâtissier, lui montrant des pains.*

Vous avez mal placé la fente de ces miches :
Au milieu la césure, — entre les hémistiches !

> *À un autre, lui montrant un pâté inachevé.*

À ce palais de croûte, il faut, vous, mettre un toit…

> *À un jeune apprenti, qui, assis par terre, embroche des volailles.*

625 Et toi, sur cette broche interminable, toi,
Le modeste poulet et la dinde superbe,
Alterne-les, mon fils, comme le vieux Malherbe
Alternait les grands vers avec les plus petits,
Et fais tourner au feu des strophes de rôtis !

> UN AUTRE APPRENTI, *s'avançant avec un plateau recouvert d'une assiette.*

630 Maître, en pensant à vous, dans le four, j'ai fait cuire
Ceci, qui vous plaira, je l'espère.

> *Il découvre le plateau, on voit une grande lyre de pâtisserie.*

RAGUENEAU, *ébloui.*

Une lyre !

L'APPRENTI

En pâte de brioche.

RAGUENEAU, *ému.*

Avec des fruits confits !

L'APPRENTI

Et les cordes, voyez, en sucre je les fis.

RAGUENEAU, *lui donnant de l'argent.*

Va boire à ma santé !

Apercevant Lise qui entre.

Chut ! ma femme ! Circule,
Et cache cet argent !

635

*À Lise, lui montrant la lyre d'un air
gêné.*

C'est beau ?

LISE

C'est ridicule !

*Elle pose sur le comptoir une pile de
sacs en papier.*

RAGUENEAU

Des sacs ?… Bon. Merci.

Il les regarde.

Ciel ! Mes livres vénérés !
Les vers de mes amis ! déchirés ! démembrés !
Pour en faire des sacs à mettre des croquantes…
Ah ! vous renouvelez Orphée et les bacchantes !

LISE, *sèchement.*

640   Eh ! n'ai-je pas le droit d'utiliser vraiment
Ce que laissent ici, pour unique paiement,
Vos méchants écriveurs de lignes inégales[1] !

---

1. Dans les *États de la lune*, les repas se paient en vers :
« Après ce déjeuner nous nous mîmes en état de partir, et avec
mille grimaces dont ils se servent quand ils veulent témoigner
de l'affection, l'hôte reçut un papier de mon démon. Je lui
demandai si c'était une obligation pour la valeur de l'écot. Il
me repartit que non ; qu'il ne lui devait plus rien, et que
c'étaient des vers.
« Comment, des vers ? lui répliquai-je, les taverniers sont
donc curieux en rimes ?
— C'est, me répondit-il, la monnaie du pays, et la dépense
que nous venons de faire céans s'est trouvée monter à un sixain
que je lui viens de donner. Je ne craignais pas de demeurer
court ; car quand nous ferions ici ripaille pendant huit jours,
nous ne saurions dépenser un sonnet, et j'en ai quatre sur moi,
avec neuf épigrammes, deux odes, et une églogue » (*Libertins
du XVIIᵉ siècle*, Bibliothèque de la Pléiade, t. I, p. 936).

RAGUENEAU

Fourmi !… n'insulte pas ces divines cigales !

LISE

Avant de fréquenter ces gens-là, mon ami,
Vous ne m'appeliez pas bacchante, — ni fourmi !   645

RAGUENEAU

Avec des vers, faire cela !

LISE

Pas autre chose.

RAGUENEAU

Que faites-vous, alors, madame, avec la prose ?

SCÈNE II

LES MÊMES, DEUX ENFANTS,
qui viennent d'entrer dans la pâtisserie.

RAGUENEAU

Vous désirez, petits ?

PREMIER ENFANT

Trois pâtés.

RAGUENEAU, *les servant.*

Là, bien roux…
Et bien chauds.

DEUXIÈME ENFANT

S'il vous plaît, enveloppez-les-nous ?

RAGUENEAU, *saisi, à part.*

650 Hélas ! un de mes sacs !

Aux enfants.

Que je les enveloppe ?…

*Il prend un sac et au moment d'y mettre
les pâtés, il lit.*

« *Tel Ulysse, le jour qu'il quitta Pénélope…* »
Pas celui-ci !…

*Il le met de côté et en prend un autre.
Au moment d'y mettre les pâtés, il lit.*

« *Le blond Phœbus…* » Pas celui-là !

Même jeu.

LISE, *impatientée.*

Eh bien ! qu'attendez-vous ?

RAGUENEAU

Voilà, voilà, voilà !

Il en prend un troisième et se résigne.

Le sonnet à Philis !… mais c'est dur tout de même !

LISE

C'est heureux qu'il se soit décidé !   655

Haussant les épaules.

Nicodème[1] !

*Elle monte sur une chaise et se met à
ranger des plats sur une crédence.*

RAGUENEAU, *profitant
de ce qu'elle tourne le dos,
rappelle les enfants déjà à la porte.*

Pst !… Petits !… Rendez-moi le sonnet à Philis,
Au lieu de trois pâtés je vous en donne six.

*Les enfants lui rendent le sac, prennent
vivement les gâteaux et sortent. Ragueneau, défripant le papier, se met à lire en
déclamant.*

---

1. *Nicodème* : niais ; c'était le nigaud des Mystères au
Moyen Âge.

«*Philis !...*» Sur ce doux nom, une tache de
[beurre !...
«*Philis !...*»

> *Cyrano entre brusquement.*

SCÈNE III

RAGUENEAU, LISE, CYRANO,
puis LE MOUSQUETAIRE.

CYRANO

Quelle heure est-il ?

RAGUENEAU, *le saluant
avec empressement.*

Six heures.

CYRANO, *avec émotion.*

Dans une heure !

> *Il va et vient dans la boutique.*

RAGUENEAU, *le suivant.*

660   Bravo ? J'ai vu...

CYRANO

Quoi donc !

RAGUENEAU

Votre combat !…

CYRANO

Lequel ?

RAGUENEAU

Celui de l'hôtel de Bourgogne !

CYRANO, *avec dédain.*

Ah !… Le duel !…

RAGUENEAU, *admiratif.*

Oui, le duel en vers !…

LISE

Il en a plein la bouche !

CYRANO

Allons ! tant mieux !

RAGUENEAU, *se fendant
avec une broche qu'il a saisie.*

« À la fin de l'envoi, je touche !…
À la fin de l'envoi, je touche !… » Que c'est beau !

Avec un enthousiasme croissant.

« À la fin de l'envoi… »

665

CYRANO

Quelle heure, Ragueneau ?

RAGUENEAU, *restant fendu*
pour regarder l'horloge.

Six heures cinq !… « … *je touche !* »

Il se relève.

… Oh ! faire une ballade !

LISE, *à Cyrano, qui en passant*
devant son comptoir lui a serré
distraitement la main.

Qu'avez-vous à la main ?

CYRANO

Rien. Une estafilade.

RAGUENEAU

Courûtes-vous quelque péril ?

CYRANO

Aucun péril.

LISE, *le menaçant du doigt.*

Je crois que vous mentez !

CYRANO

Mon nez remuerait-il ?
Il faudrait que ce fût pour un mensonge énorme !   670

Changeant de ton.

J'attends ici quelqu'un. Si ce n'est pas sous l'orme,
Vous nous laisserez seuls.

RAGUENEAU

C'est que je ne peux pas ;
Mes rimeurs vont venir…

LISE, *ironique.*

Pour leur premier repas.

CYRANO

Tu les éloigneras quand je te ferai signe…
L'heure ?   675

RAGUENEAU

Six heures dix.

CYRANO, *s'asseyant nerveusement
à la table de Ragueneau et prenant
du papier.*

Une plume ?…

RAGUENEAU, *lui offrant*
celle qu'il a à à son oreille.

De cygne.

UN MOUSQUETAIRE, *superbement*
moustachu, entre et d'une voix de stentor.

Salut !

Lise remonte vivement vers lui.

CYRANO, *se retournant.*

Qu'est-ce ?

RAGUENEAU

Un ami de ma femme. Un guerrier
Terrible, — à ce qu'il dit !...

CYRANO, *reprenant la plume*
et éloignant du geste Ragueneau.

Chut !...

À lui-même.

Écrire, — plier, —
Lui donner, — me sauver...

Jetant la plume.

Lâche !... Mais que je meure,
Si j'ose lui parler, lui dire un seul mot...

À Ragueneau.

L'heure ?

RAGUENEAU

Six et quart !…   680

CYRANO, *frappant sa poitrine.*

… un seul mot de tous ceux que j'ai là !
Tandis qu'en écrivant…

Il reprend la plume.

Eh bien ! écrivons-la,
Cette lettre d'amour qu'en moi-même j'ai faite
Et refaite cent fois, de sorte qu'elle est prête,
Et que mettant mon âme à côté du papier,
Je n'ai tout simplement qu'à la recopier.   685

*Il écrit. — Derrière le vitrage de la
porte on voit s'agiter des silhouettes
maigres et hésitantes.*

SCÈNE IV

RAGUENEAU, LISE, LE MOUSQUETAIRE,
CYRANO, *à la petite table, écrivant,*
LES POÈTES, *vêtus de noir,*
les bas tombants, couverts de boue.

LISE, *entrant, à Ragueneau.*

Les voici vos crottés !

PREMIER POÈTE, *entrant, à Ragueneau.*

Confrère !…

DEUXIÈME POÈTE, *de même,*
lui secouant les mains.

Cher confrère !

TROISIÈME POÈTE

Aigle des pâtissiers !

Il renifle.

Ça sent bon dans votre aire.

QUATRIÈME POÈTE

Ô Phœbus-Rôtisseur !

CINQUIÈME POÈTE

Apollon maître-queux !…

RAGUENEAU, *entouré, embrassé, secoué.*

Comme on est tout de suite à son aise avec eux !…

PREMIER POÈTE

Nous fûmes retardés par la foule attroupée 690
À la porte de Nesle !…

DEUXIÈME POÈTE

Ouverts à coups d'épée,
Huit malandrins sanglants illustraient les pavés !

CYRANO, *levant une seconde la tête.*

Huit ?… Tiens, je croyais sept.

Il reprend sa lettre.

RAGUENEAU, *à Cyrano.*

Est-ce que vous savez
Le héros du combat ?

CYRANO, *négligemment.*

Moi ?… Non !

LISE, *au mousquetaire.*

Et vous ?

LE MOUSQUETAIRE,
se frisant la moustache.

Peut-être !

> CYRANO, *écrivant, à part, on l'entend*
> *murmurer de temps en temps.*

695 *Je vous aime...*

> PREMIER POÈTE

Un seul homme, assurait-on, sut mettre
Toute une bande en fuite!...

> DEUXIÈME POÈTE

Oh! c'était curieux!
Des piques, des bâtons jonchaient le sol!...

> CYRANO, *écrivant.*

... vos yeux...

> TROISIÈME POÈTE

On trouvait des chapeaux jusqu'au quai des
[Orfèvres!

> PREMIER POÈTE

Sapristi! ce dut être un féroce...

> CYRANO, *même jeu.*

... vos lèvres...

> PREMIER POÈTE

700 Un terrible géant, l'auteur de ces exploits!

CYRANO, *même jeu.*

… Et je m'évanouis de peur quand je vous vois.

DEUXIÈME POÈTE, *happant un gâteau.*

Qu'as-tu rimé de neuf, Ragueneau ?

CYRANO

… qui vous aime…

*Il s'arrête au moment de signer, et se
lève, mettant sa lettre dans son pourpoint.*

Pas besoin de signer. Je la donne moi-même.

RAGUENEAU, *au deuxième poète.*

J'ai mis une recette en vers.

TROISIÈME POÈTE, *s'installant
près d'un plateau de choux à la crème.*

Oyons ces vers !

QUATRIÈME POÈTE, *regardant
une brioche qu'il a prise.*

Cette brioche a mis son bonnet de travers.　　705

Il la décoiffe d'un coup de dent.

PREMIER POÈTE

Ce pain d'épice suit le rimeur famélique,
De ses yeux en amande aux sourcils d'angélique !

Il happe le morceau de pain d'épice.

DEUXIÈME POÈTE

Nous écoutons.

TROISIÈME POÈTE, *serrant légèrement*
un chou entre ses doigts.

Ce chou bave sa crème. Il rit.

DEUXIÈME POÈTE, *mordant à même*
la grande lyre de pâtisserie.

Pour la première fois la Lyre me nourrit !

RAGUENEAU, *qui s'est préparé à réciter,*
qui a toussé, assuré son bonnet,
pris une pose.

710   Une recette en vers…

DEUXIÈME POÈTE, *au premier,*
lui donnant un coup de coude.

Tu déjeunes ?

PREMIER POÈTE, *au deuxième.*

Tu dînes !

RAGUENEAU

Comment on fait les tartelettes amandines.

Battez, pour qu'ils soient mousseux,
            Quelques œufs ;
Incorporez à leur mousse

Un jus de cédrat choisi ;   715
            Versez-y
Un bon lait d'amande douce ;

Mettez de la pâte à flan
            Dans le flanc
De moules à tartelette ;   720
D'un doigt preste, abricotez
            Les côtés ;
Versez goutte à gouttelette

Votre mousse en ces puits, puis
            Que ces puits   725
Passent au four, et, blondines,
Sortant en gais troupelets,
            Ce sont les
Tartelettes amandines !

LES POÈTES, *la bouche pleine.*

Exquis ! Délicieux !   730

UN POÈTE, *s'étouffant.*

Homph !

*Ils remontent vers le fond, en man-
geant. Cyrano qui a observé s'avance
vers Ragueneau.*

CYRANO

Bercés par ta voix,
Ne vois-tu pas comme ils s'empiffrent ?

RAGUENEAU, *plus bas, avec un sourire.*

Je le vois…
Sans regarder, de peur que cela ne les trouble ;
Et dire ainsi mes vers me donne un plaisir double,
Puisque je satisfais un doux faible que j'ai
735 Tout en laissant manger ceux qui n'ont pas mangé !

CYRANO, *lui frappant sur l'épaule.*

Toi tu me plais !…

> *Ragueneau va rejoindre ses amis.*
> *Cyrano le suit des yeux, puis, un peu brus-*
> *quement.*

Hé là, Lise ?

> *Lise, en conversation tendre avec le*
> *mousquetaire, tressaille et descend vers*
> *Cyrano.*

Ce capitaine…
Vous assiège ?

LISE, *offensée.*

Oh ! mes yeux, d'une œillade hautaine,
Savent vaincre quiconque attaque mes vertus.

CYRANO

Euh ! pour des yeux vainqueurs, je les trouve battus.

LISE, *suffoquée.*

Mais…   740

CYRANO, *nettement.*

Ragueneau me plaît. C'est pourquoi, dame Lise,
Je défends que quelqu'un le ridicoculise.

LISE

Mais…

CYRANO, *qui a élevé la voix*
assez pour être entendu du galant.

À bon entendeur…

Il salue le mousquetaire, et va se
mettre en observation, à la porte du fond,
après avoir regardé l'horloge.

LISE, *au mousquetaire qui a simplement*
rendu son salut à Cyrano.

Vraiment, vous m'étonnez !…
Répondez… sur son nez…

LE MOUSQUETAIRE

Sur son nez… sur son nez…

Il s'éloigne vivement, Lise le suit.

CYRANO, *de la porte du fond,*
faisant signe à Ragueneau d'emmener
les poètes.

Pst !...

RAGUENEAU, *montrant aux poètes*
la porte de droite.

Nous serons bien mieux par là...

CYRANO, *s'impatientant.*

Pst ! Pst !...

RAGUENEAU, *les entraînant.*

Pour lire

745 Des vers...

PREMIER POÈTE, *désespéré,*
la bouche pleine.

Mais les gâteaux !...

DEUXIÈME POÈTE

Emportons-les !

Ils sortent tous derrière Ragueneau,
processionnellement, et après avoir fait
une rafle de plateaux.

SCÈNE V

CYRANO, ROXANE, LA DUÈGNE

CYRANO

Je tire
Ma lettre si je sens seulement qu'il y a
Le moindre espoir !…

*Roxane, masquée, suivie de la duègne,
paraît derrière le vitrage. Il ouvre vivement la porte.*

Entrez !…

Marchant sur la duègne.

Vous, deux mots, duègna !

LA DUÈGNE

Quatre.

CYRANO

Êtes-vous gourmande ?

LA DUÈGNE

À m'en rendre malade.

CYRANO, *prenant vivement des sacs
de papier sur le comptoir.*

Bon. Voici deux sonnets de monsieur Benserade[1]…

LA DUÈGNE, *piteuse.*

750 Heu !…

CYRANO

… que je vous remplis de darioles[2].

LA DUÈGNE, *changeant de figure.*

Hou !

CYRANO

Aimez-vous le gâteau qu'on nomme petit chou ?

LA DUÈGNE, *avec dignité.*

Monsieur, j'en fais état, lorsqu'il est à la crème.

CYRANO

J'en plonge six pour vous dans le sein d'un poème
De Saint-Amant ! Et dans ces vers de Chapelain[3]

---

1. Benserade (1613-1691), l'un des grands poètes précieux,
fut, avec son sonnet *Job*, à l'origine de la « guerre des sonnets ».
2. *Darioles* : « Pièce de pâtisserie faite de crème enfermée
dans un petit rond de pâte. Les enfants sont friands de
darioles » (Furetière).
3. Saint-Amant (1594-1661), par sa verve et son réalisme, fut
l'un des « grotesques » chers à Gautier. Chapelain (1595-1674)
est surtout resté célèbre pour l'échec de son épopée *La Pucelle*.

Je dépose un fragment, moins lourd, de poupelin[1].   755
— Ah! Vous aimez les gâteaux frais?

LA DUÈGNE

J'en suis férue!

CYRANO, *lui chargeant les bras*
de sacs remplis.

Veuillez aller manger tous ceux-ci dans la rue.

LA DUÈGNE

Mais...

CYRANO, *la poussant dehors.*

Et ne revenez qu'après avoir fini!

> *Il referme la porte, redescend vers*
> *Roxane, et s'arrête, découvert, à une dis-*
> *tance respectueuse.*

---

1. *Poupelin* : « Pièce de four, pâtisserie délicate faite avec du beurre, du lait et des œufs frais, pétrie avec de la fleur de farine. On y mêle du sucre et de l'écorce de citron » (Furetière).

SCÈNE VI

CYRANO, ROXANE, LA DUÈGNE,
un instant.

CYRANO

Que l'instant entre tous les instants soit béni,
760 Où, cessant d'oublier qu'humblement je respire
Vous venez jusqu'ici pour me dire… me dire ?…

ROXANE, *qui s'est démasquée.*

Mais tout d'abord merci, car ce drôle, ce fat
Qu'au brave jeu d'épée, hier, vous avez fait mat,
C'est lui qu'un grand seigneur… épris de moi…

CYRANO

De Guiche ?

ROXANE, *baissant les yeux.*

765 Cherchait à m'imposer… comme mari…

CYRANO

Postiche ?

Saluant.

Je me suis donc battu, madame, et c'est tant mieux,
Non pour mon vilain nez, mais bien pour vos beaux
[yeux.

ROXANE

Puis… je voulais… Mais pour l'aveu que je viens
                                    [faire,
Il faut que je revoie en vous le… presque frère,
Avec qui je jouais, dans le parc — près du lac !…   770

CYRANO

Oui… Vous veniez tous les étés à Bergerac !…

ROXANE

Les roseaux fournissaient le bois pour vos épées…

CYRANO

Et les maïs, les cheveux blonds pour vos poupées !

ROXANE

C'était le temps des jeux…

CYRANO

                    Des mûrons aigrelets…

ROXANE

Le temps où vous faisiez tout ce que je voulais !…   775

CYRANO

Roxane, en jupons courts, s'appelait Madeleine…

ROXANE

J'étais jolie, alors ?

CYRANO

Vous n'étiez pas vilaine.

ROXANE

Parfois, la main en sang de quelque grimpement,
Vous accouriez ! — Alors, jouant à la maman,
780 Je disais d'une voix qui tâchait d'être dure :

Elle lui prend la main.

« Qu'est-ce que c'est encore que cette égratignure ? »

Elle s'arrête stupéfaite.

Oh ! C'est trop fort ! Et celle-ci !

Cyrano veut retirer sa main.

Non ! Montrez-la !
Hein ? à vôtre âge, encor ! — Où t'es-tu fait cela ?

CYRANO

En jouant, du côté de la porte de Nesle.

ROXANE, *s'asseyant à une table,*
et trempant son mouchoir
dans un verre d'eau.

785 Donnez !

CYRANO, *s'asseyant aussi.*

Si gentiment ! Si gaiement maternelle !

ROXANE

Et, dites-moi, — pendant que j'ôte un peu le sang, —
Ils étaient contre vous ?

CYRANO

Oh ! pas tout à fait cent.

ROXANE

Racontez !

CYRANO

Non. Laissez. Mais vous, dites la chose
Que vous n'osiez tantôt me dire…

ROXANE, *sans quitter sa main.*

À présent j'ose,
Car le passé m'encouragea de son parfum !   790
Oui, j'ose maintenant. Voilà. J'aime quelqu'un.

CYRANO

Ah !…

ROXANE

Qui ne le sait pas d'ailleurs.

CYRANO

Ah !…

ROXANE

Pas encore.

CYRANO

Ah !…

ROXANE

Mais qui va bientôt le savoir, s'il l'ignore.

CYRANO

Ah !…

ROXANE

Un pauvre garçon qui jusqu'ici m'aima
795 Timidement, de loin, sans oser le dire…

CYRANO

Ah !…

ROXANE

Laissez-moi votre main, voyons, elle a la fièvre. —
Mais moi j'ai vu trembler les aveux sur sa lèvre.

CYRANO

Ah !…

ROXANE, *achevant de lui faire
un petit bandage avec son mouchoir.*

Et figurez-vous, tenez, que, justement
Oui, mon cousin, il sert dans votre régiment !

CYRANO

Ah !...

800

ROXANE, *riant.*

Puisqu'il est cadet dans votre compagnie !

CYRANO

Ah !...

ROXANE

Il a sur son front de l'esprit, du génie,
Il est fier, noble, jeune, intrépide, beau…

CYRANO, *se levant tout pâle.*

Beau !

ROXANE

Quoi ? Qu'avez-vous ?

CYRANO

Moi, rien… C'est… c'est…

Il montre sa main, avec un sourire.

C'est ce bobo.

ROXANE

Enfin, je l'aime. Il faut d'ailleurs que je vous die
805 Que je ne l'ai jamais vu qu'à la Comédie…

CYRANO

Vous ne vous êtes donc pas parlé ?

ROXANE

                              Nos yeux seuls.

CYRANO

Mais comment savez-vous, alors ?

ROXANE

                              Sous les tilleuls
De la place Royale, on cause… Des bavardes
M'ont renseignée…

CYRANO

                    Il est cadet ?

ROXANE

                              Cadet aux gardes.

CYRANO

810 Son nom ?

ROXANE

            Baron Christian de Neuvillette.

CYRANO

Hein ?…
Il n'est pas aux cadets.

ROXANE

Si, depuis ce matin :
Capitaine Carbon de Castel-Jaloux.

CYRANO

Vite,
Vite, on lance son cœur !… Mais ma pauvre petite…

LA DUÈGNE, *ouvrant la porte du fond.*

J'ai fini les gâteaux, monsieur de Bergerac !

CYRANO

Eh bien ! lisez les vers imprimés sur le sac !   815

La duègne disparaît.

… Ma pauvre enfant, vous qui n'aimez que beau
[langage,
Bel esprit, — si c'était un profane, un sauvage.

ROXANE

Non, il a les cheveux d'un héros de d'Urfé[1] !

---

1. D'Urfé (1567-1625) est l'auteur de *L'Astrée*, vaste roman qui fut l'un des modèles de l'esprit précieux. Rostand l'étudia pour le concours de l'Académie de Marseille en 1890.

CYRANO

S'il était aussi maldisant que bien coiffé !

ROXANE

820 Non, tous les mots qu'il dit sont fins, je le devine !

CYRANO

Oui, tous les mots sont fins quand la moustache est
[fine.
— Mais si c'était un sot !…

ROXANE, *frappant du pied.*

Eh bien ! j'en mourrais, là !

CYRANO, *après un temps.*

Vous m'avez fait venir pour me dire cela ?
Je n'en sens pas très bien l'utilité, madame.

ROXANE

825 Ah, c'est que quelqu'un hier m'a mis la mort dans
[l'âme,
Et me disant que tous, vous êtes tous Gascons[1]
Dans votre compagnie…

---

1. Frédéric Lachèvre précise à propos de la compagnie de
Carbon : «Elle était, en effet, presque entièrement formée de
gentilshommes gascons qui se faisaient redouter partout à cause
de leur promptitude à tirer l'épée…» (*Les Œuvres libertines de
Cyrano de Bergerac*, Champion, 1921, t. I, p. XXXIII).

CYRANO

Et que nous provoquons
Tous les blancs-becs qui, par faveur, se font
[admettre
Parmi les purs Gascons que nous sommes, sans
[l'être ?
C'est ce qu'on vous a dit ?   830

ROXANE

Et vous pensez si j'ai
Tremblé pour lui !

CYRANO, *entre ses dents.*

Non sans raison !

ROXANE

Mais j'ai songé
Lorsque invincible et grand, hier, vous nous
[apparûtes,
Châtiant ce coquin, tenant tête à ces brutes, —
J'ai songé : s'il voulait, lui que tous ils craindront…

CYRANO

C'est bien, je défendrai votre petit baron.   835

ROXANE

Oh, n'est-ce pas que vous allez me le défendre ?
J'ai toujours eu pour vous une amitié si tendre.

CYRANO

Oui, oui.

ROXANE

Vous serez son ami ?

CYRANO

Je le serai.

ROXANE

Et jamais il n'aura de duel ?

CYRANO

C'est juré.

ROXANE

840 Oh ! je vous aime bien. Il faut que je m'en aille.

Elle remet vivement son masque, une
dentelle sur son front, et, distraitement.

Mais vous ne m'avez pas raconté la bataille
De cette nuit. Vraiment ce dut être inouï !…
— Dites-lui qu'il m'écrive.

Elle lui envoie un petit baiser de la
main.

Oh ! je vous aime !

CYRANO

Oui, oui.

ROXANE

Cent hommes contre vous ? Allons, adieu. — Nous
[sommes
De grands amis.

845

CYRANO

Oui, oui.

ROXANE

Qu'il m'écrive ! — Cent hommes ! —
Vous me direz plus tard. Maintenant, je ne puis.
Cent hommes ! Quel courage !

CYRANO, *la saluant.*

Oh ! j'ai fait mieux depuis.

*Elle sort. Cyrano reste immobile, les
yeux à terre. Un silence. La porte de
droite s'ouvre. Ragueneau passe sa tête.*

SCÈNE VII

CYRANO, RAGUENEAU, LES POÈTES,
CARBON DE CASTEL-JALOUX, LES
CADETS, LA FOULE, *etc., puis* DE GUICHE.

RAGUENEAU

Peut-on rentrer ?

CYRANO, *sans bouger.*

Oui…

*Ragueneau fait signe et ses amis ren-
trent. En même temps, à la porte du fond
paraît Carbon de Castel-Jaloux, costume
de capitaine aux gardes, qui fait de grands
gestes en apercevant Cyrano.*

CARBON DE CASTEL-JALOUX

Le voilà !

CYRANO, *levant la tête.*

Mon capitaine…

CARBON, *exultant.*

Notre héros ! Nous savons tout ! Une trentaine
850   De mes cadets sont là !…

CYRANO, *reculant.*

Mais…

CARBON, *voulant l'entraîner.*

Viens ! on veut te voir !

CYRANO

Non !

CARBON

Ils boivent en face, à *la Croix du Trahoir.*

CYRANO

Je…

CARBON, *remontant à la porte,*
et criant à la cantonade,
d'une voix de tonnerre.

Le héros refuse. Il est d'humeur bourrue !

UNE VOIX, *au dehors.*

Ah ! Sandious !

Tumulte au dehors, bruit d'épées et de
bottes qui se rapprochent.

CARBON, *se frottant les mains.*

Les voici qui traversent la rue !…

LES CADETS, *entrant dans la rôtisserie.*

Mille dious ! — Capdedious ! — Mordious ! —
                                    [Pocapdedious !

RAGUENEAU, *reculant épouvanté.*

855 Messieurs, vous êtes donc tous de Gascogne !

LES CADETS

                                              Tous !

UN CADET, *à Cyrano.*

Bravo !

CYRANO

Baron !

UN AUTRE, *lui secouant les mains.*

Vivat !

CYRANO

Baron !

TROISIÈME CADET

                              Que je t'embrasse !

CYRANO

Baron !...

PLUSIEURS GASCONS

Embrassons-le !

CYRANO, *ne sachant auquel répondre.*

Baron… baron… de grâce…

RAGUENEAU

Vous êtes tous barons, messieurs ?

LES CADETS

Tous ?

RAGUENEAU

Le sont-ils ?…

PREMIER CADET

On ferait une tour rien qu'avec nos tortils !

LE BRET, *entrant, et courant à Cyrano.*

On te cherche ! Une foule en délire conduite   860
Par ceux qui cette nuit marchèrent à ta suite…

CYRANO, *épouvanté.*

Tu ne leur as pas dit où je me trouve ?…

LE BRET, *se frottant les mains.*

Si !

UN BOURGEOIS, *entrant suivi
d'un groupe.*

Monsieur, tout le Marais se fait porter ici !

> *Au dehors la rue s'est remplie de
> monde. Des chaises à porteurs, des car-
> rosses s'arrêtent.*

LE BRET, *bas, souriant, à Cyrano.*

Et Roxane ?

CYRANO, *vivement.*

Tais-toi !

LA FOULE, *criant dehors.*

Cyrano !…

> *Une cohue se précipite dans la pâtisse-
> rie. Bousculade. Acclamations.*

RAGUENEAU, *debout sur une table.*

Ma boutique

865 Est envahie ! On casse tout ! C'est magnifique !

DES GENS, *autour de Cyrano.*

Mon ami… mon ami…

CYRANO

Je n'avais pas hier

Tant d'amis !…

LE BRET, *ravi.*

Le succès !

UN PETIT MARQUIS,
accourant, les mains tendues.

Si tu savais, mon cher…

CYRANO

Si tu ?… Tu ?… Qu'est-ce donc qu'ensemble nous
[gardâmes ?

UN AUTRE

Je veux vous présenter, Monsieur, à quelques dames
Qui là dans mon carrosse…   870

CYRANO, *froidement.*

Et vous d'abord, à moi,
Qui vous présentera ?

LE BRET, *stupéfait.*

Mais qu'as-tu donc ?

CYRANO

Tais-toi !

UN HOMME DE LETTRES,
avec une écritoire.

Puis-je avoir des détails sur ?…

CYRANO

Non.

LE BRET, *lui poussant le coude.*

C'est Théophraste
Renaudot! l'inventeur de la gazette[1].

CYRANO

Baste!

LE BRET

Cette feuille où l'on fait tant de choses tenir!
875   On dit que cette idée a beaucoup d'avenir!

LE POÈTE, *s'avançant.*

Monsieur…

CYRANO

Encor!

LE POÈTE

Je veux faire un pentacrostiche
Sur votre nom…

QUELQU'UN, *s'avançant encore.*

Monsieur…

1. C'est en 1631 que Théophraste Renaudot (1586-1653)
fonda sa *Gazette.*

CYRANO

Assez !

Mouvement. On se range. De Guiche paraît escorté d'officiers. Cuigy, Brissaille, les officiers qui sont partis avec Cyrano à la fin du premier acte. Cuigy vient vivement à Cyrano.

CUIGY, *à Cyrano.*

Monsieur de Guiche !

Murmure. Tout le monde se range.

Vient de la part du maréchal de Gassion !

DE GUICHE, *saluant Cyrano.*

… Qui tient à vous mander son admiration
Pour le nouvel exploit dont le bruit vient de courre.   880

LA FOULE

Bravo !…

CYRANO, *s'inclinant.*

Le maréchal s'y connaît en bravoure.

DE GUICHE

Il n'aurait jamais cru le fait si ces messieurs
N'avaient pu lui jurer l'avoir vu.

CUIGY

De nos yeux.

LE BRET, *bas à Cyrano,*
qui a l'air absent.

Mais…

CYRANO

Tais-toi !

LE BRET

Tu parais souffrir !

CYRANO, *tressaillant*
et se redressant vivement.

Devant ce monde ?…

Sa moustache se hérisse ; il poitrine.

885   Moi souffrir ?… Tu vas voir !

DE GUICHE, *auquel Cuigy a parlé*
à l'oreille.

Votre carrière abonde
De beaux exploits, déjà. — Vous servez chez ces
[fous
De Gascons, n'est-ce pas ?

CYRANO

Aux cadets, oui.

UN CADET, *d'une voix terrible.*

Chez nous !

DE GUICHE, *regardant les Gascons,*
rangés derrière Cyrano.

Ah ! ah !… Tous ces messieurs à la mine hautaine,
Ce sont donc les fameux ?…

CARBON DE CASTEL-JALOUX

Cyrano !

CYRANO

Capitaine ?

CARBON

Puisque ma compagnie est, je crois, au complet,   890
Veuillez la présenter au comte, s'il vous plaît.

CYRANO, *faisant deux pas*
vers De Guiche, et montrant les cadets.

Ce sont les cadets de Gascogne
De Carbon de Castel-Jaloux ;
Bretteurs et menteurs sans vergogne,
Ce sont les cadets de Gascogne !   895
Parlant blason, lambel, bastogne,
Tous plus nobles que des filous,

Ce sont les cadets de Gascogne
De Carbon de Castel-Jaloux :

900 Œil d'aigle, jambe de cigogne,
Moustache de chat, dents de loups,
Fendant la canaille qui grogne,
Œil d'aigle, jambe de cigogne,
Ils vont, — coiffés d'un vieux vigogne
905 Dont la plume cache les trous ! —
Œil d'aigle, jambe de cigogne,
Moustache de chat, dents de loups !

Perce-Bedaine et Casse-Trogne
Sont leurs sobriquets les plus doux ;
910 De gloire, leur âme est ivrogne !
Perce-Bedaine et Casse-Trogne,
Dans tous les endroits où l'on cogne
Ils se donnent des rendez-vous…
Perce-Bedaine et Casse-Trogne
915 Sont leurs sobriquets les plus doux !

Voici les cadets de Gascogne
Qui font cocus tous les jaloux !
Ô femme, adorable carogne,
Voici les cadets de Gascogne !
920 Que le vieil époux se renfrogne :
Sonnez, clairons ! chantez, coucous !
Voici les cadets de Gascogne
Qui font cocus tous les jaloux !

DE GUICHE, *nonchalamment assis*
dans un fauteuil que Ragueneau
a vite apporté.

Un poète est un luxe, aujourd'hui, qu'on se donne.
— Voulez-vous être à moi ?   925

CYRANO

Non, Monsieur, à personne.

DE GUICHE

Votre verve amusa mon oncle Richelieu,
Hier. Je veux vous servir auprès de lui.

LE BRET, *ébloui.*

Grand Dieu !

DE GUICHE

Vous avez bien rimé cinq actes, j'imagine ?

LE BRET, *à l'oreille de Cyrano.*

Tu vas faire jouer, mon cher, ton *Agrippine*[1] !

---

1. *Agrippine*, tragédie écrite sans doute en 1648, fut représentée en 1653 à l'Hôtel de Bourgogne, avec un grand scandale dû au sacrilège soupçonné dans le vers suivant :

Frappons, voilà l'Hostie, et l'occasion presse (IV, IV)

dans un contexte ambigu.

DE GUICHE

930 Portez-les-lui.

CYRANO, *tenté et un peu charmé.*

Vraiment…

DE GUICHE

Il est des plus experts.
Il vous corrigera seulement quelques vers…

CYRANO, *dont le visage
s'est immédiatement rembruni.*

Impossible, Monsieur ; mon sang se coagule
En pensant qu'on y peut changer une virgule.

DE GUICHE

Mais quand un vers lui plaît, en revanche, mon cher,
935 Il le paye très cher.

CYRANO

Il le paye moins cher
Que moi, lorsque j'ai fait un vers, et que je l'aime,
Je me le paye, en me le chantant à moi-même !

DE GUICHE

Vous êtes fier.

CYRANO

Vraiment, vous l'avez remarqué ?

UN CADET, *entrant avec, enfilés*
à son épée, des chapeaux aux plumets
miteux, aux coiffes trouées, défoncées.

Regarde, Cyrano ! ce matin, sur le quai,
Le bizarre gibier à plumes que nous prîmes !　　940
Les feutres des fuyards !…

CARBON

Des dépouilles opimes !

TOUT LE MONDE, *riant.*

Ah ! Ah ! Ah !

CUIGY

Celui qui posta ces gueux, ma foi,
Doit rager aujourd'hui.

BRISSAILLE

Sait-on qui c'est ?

DE GUICHE

C'est moi.

Les rires s'arrêtent.

Je les avais chargés de châtier, — besogne
Qu'on ne fait pas soi-même, — un rimailleur　　945
　　　　　　　　　　　　　　[ivrogne.

Silence gêné.

LE CADET, *à mi-voix, à Cyrano,*
lui montrant les feutres.

Que faut-il qu'on en fasse? Ils sont gras… Un
[salmis?

CYRANO, *prenant l'épée où ils sont*
enfilés, et les faisant, dans un salut,
tous glisser aux pieds de De Guiche.

Monsieur, si vous voulez les rendre à vos amis?

DE GUICHE, *se levant et d'une voix brève.*

Ma chaise et mes porteurs, tout de suite : je monte.

À Cyrano, violemment.

Vous, Monsieur!…

UNE VOIX, *dans la rue, criant.*

Les porteurs de monseigneur le comte
950 De Guiche!

DE GUICHE, *qui s'est dominé,*
avec un sourire.

… Avez-vous lu *Don Quichot*[1]?

---

1. *Don Quichotte* (1609 et 1615) connut sa première traduction française, par César Oudin, en 1620. Le chapitre «des
moulins» est en réalité le huitième, et non le treizième, de la
première partie.

CYRANO

Je l'ai lu.
Et me découvre au nom de cet hurluberlu.

DE GUICHE

Veuillez donc méditer alors…

UN PORTEUR, *paraissant au fond.*

Voici la chaise.

DE GUICHE

Sur le chapitre des moulins !

CYRANO, *saluant.*

Chapitre treize.

DE GUICHE

Car lorsqu'on les attaque, il arrive souvent…

CYRANO

J'attaque donc des gens qui tournent à tout vent ?   955

DE GUICHE

Qu'un moulinet de leurs grands bras chargés de
[toiles
Vous lance dans la boue !…

CYRANO

Ou bien dans les étoiles !

De Guiche sort. On le voit remonter en chaise. Les seigneurs s'éloignent en chuchotant. Le Bret les réaccompagne. La foule sort.

SCÈNE VIII

CYRANO, LE BRET, LES CADETS,
qui se sont attablés à droite et à gauche et auxquels on sert à boire et à manger.

CYRANO, *saluant d'un air goguenard ceux qui sortent sans oser le saluer.*

Messieurs… Messieurs… Messieurs…

LE BRET, *désolé, redescendant, les bras au ciel.*

Ah ! dans quels jolis draps…

CYRANO

Oh ! toi ! tu vas grogner !

LE BRET

> Enfin, tu conviendras
Qu'assassiner toujours la chance passagère,
Devient exagéré.

CYRANO

Hé bien oui, j'exagère !

LE BRET, *triomphant.*

Ah !

CYRANO

Mais pour le principe, et pour l'exemple aussi,
Je trouve qu'il est bon d'exagérer ainsi.

LE BRET

Si tu laissais un peu ton âme mousquetaire
La fortune et la gloire…

CYRANO

> Et que faudrait-il faire ?
Chercher un protecteur puissant, prendre un patron,
Et comme un lierre obscur qui circonvient un tronc
Et s'en fait un tuteur en lui léchant l'écorce,
Grimper par ruse au lieu de s'élever par force ?
Non, merci. Dédier, comme tous ils le font,
Des vers aux financiers ? se changer en bouffon
Dans l'espoir vil de voir, aux lèvres d'un ministre,

Naître un sourire, enfin, qui ne soit pas sinistre?
Non, merci. Déjeuner, chaque jour, d'un crapaud?
975 Avoir un ventre usé par la marche? une peau
Qui plus vite, à l'endroit des genoux, devient sale?
Exécuter des tours de souplesse dorsale?…
Non, merci. D'une main flatter la chèvre au cou
Cependant que, de l'autre, on arrose le chou,
980 Et donneur de séné par désir de rhubarbe,
Avoir son encensoir, toujours, dans quelque barbe?
Non, merci! Se pousser de giron en giron,
Devenir un petit grand homme dans un rond[1]
Et naviguer, avec des madrigaux pour rames,
985 Et dans ses voiles des soupirs de vieilles dames?
Non, merci! Chez le bon éditeur de Sercy[2]
Faire éditer ses vers en payant? Non, merci!
S'aller faire nommer pape par les conciles
Que dans les cabarets tiennent des imbéciles?
990 Non, merci! Travailler à se construire un nom
Sur un sonnet, au lieu d'en faire d'autres? Non,
Merci! Ne découvrir du talent qu'aux mazettes?
Être terrorisé par de vagues gazettes,
Et se dire sans cesse : « Oh, pourvu que je sois
995 Dans les petits papiers du *Mercure François*[3]?»…

---

1. *Rond* : cercle mondain, salon.
2. Sercy fut le premier éditeur de Cyrano. — Dans une interview (*Annales*, 9 mars 1913), Rostand explique que ce passage visait les mœurs littéraires de son temps…
3. *Le Mercure François*, lointain ancêtre du *Mercure de France*, fut fondé en 1611 et dirigé, de 1638 à 1648, par Théophraste Renaudot.

Non, merci ! Calculer, avoir peur, être blême,
Préférer faire une visite qu'un poème,
Rédiger des placets, se faire présenter ?
Non, merci ! non, merci ! non, merci ! Mais…
                                        [chanter,
Rêver, rire, passer, être seul, être libre,   1000
Avoir l'œil qui regarde bien, la voix qui vibre,
Mettre, quand il vous plaît, son feutre de travers,
Pour un oui, pour un non, se battre, — ou faire un
                                        [vers !
Travailler sans souci de gloire ou de fortune,
À tel voyage, auquel on pense, dans la lune !   1005
N'écrire jamais rien qui de soi ne sortît,
Et modeste d'ailleurs, se dire : mon petit,
Sois satisfait des fleurs, des fruits, même des
                                        [feuilles,
Si c'est dans ton jardin à toi que tu les cueilles !
Puis, s'il advient d'un peu triompher, par hasard,   1010
Ne pas être obligé d'en rien rendre à César,
Vis-à-vis de soi-même en garder le mérite,
Bref, dédaignant d'être le lierre parasite,
Lors même qu'on n'est pas le chêne ou le tilleul,
Ne pas monter bien haut, peut-être, mais tout seul ! 1015

LE BRET

Tout seul, soit ! mais non pas contre tous !
                                        [Comment diable
As-tu donc contracté la manie effroyable
De te faire toujours, partout, des ennemis ?

CYRANO

À force de vous voir vous faire des amis,
1020 Et rire à ces amis dont vous avez des foules,
D'une bouche empruntée au derrière des poules !
J'aime raréfier sur mes pas les saluts,
Et m'écrie avec joie : un ennemi de plus !

LE BRET

Quelle aberration !

CYRANO

Eh bien ! oui, c'est mon vice.
1025 Déplaire est mon plaisir. J'aime qu'on me haïsse.
Mon cher, si tu savais comme l'on marche mieux
Sous la pistolétade excitante des yeux !
Comme, sur les pourpoints, font d'amusantes taches
Le fiel des envieux et la bave des lâches !
1030 — Vous, la molle amitié dont vous vous entourez,
Ressemble à ces grands cols d'Italie, ajourés
Et flottants, dans lesquels votre cou s'effémine :
On y est plus à l'aise… et de moins haute mine,
Car le front n'ayant pas de maintien ni de loi,
1035 S'abandonne à pencher dans tous les sens. Mais moi,
La Haine, chaque jour, me tuyaute et m'apprête
La fraise dont l'empois force à lever la tête ;
Chaque ennemi de plus est un nouveau godron
Qui m'ajoute une gêne, et m'ajoute un rayon :

Car, pareille en tous points à la fraise espagnole, 1040
La Haine est un carcan, mais c'est une auréole !

LE BRET, *après un silence,*
passant son bras sous le sien.

Fais tout haut l'orgueilleux et l'amer, mais, tout bas,
Dis-moi tout simplement qu'elle ne t'aime pas !

CYRANO, *vivement.*

Tais-toi !

Depuis un moment, Christian est entré,
s'est mêlé aux cadets ; ceux-ci ne lui adres-
sent pas la parole ; il a fini par s'asseoir
seul à une petite table, où Lise le sert.

SCÈNE IX

CYRANO, LE BRET, LES CADETS,
CHRISTIAN DE NEUVILLETTE

UN CADET, *assis à une table du fond,*
le verre en main.

Hé ! Cyrano !

Cyrano se retourne.

Le récit ?

CYRANO

Tout à l'heure !

Il remonte au bras de Le Bret. Ils causent bas.

LE CADET, *se levant, et descendant.*

1045 Le récit du combat ! Ce sera la meilleure
Leçon

Il s'arrête devant la table où est Christian.

pour ce timide apprentif !

CHRISTIAN, *levant la tête.*

Apprentif ?

UN AUTRE CADET

Oui, septentrional maladif !

CHRISTIAN

Maladif ?

PREMIER CADET, *goguenard.*

Monsieur de Neuvillette, apprenez quelque chose :
C'est qu'il est un objet, chez nous, dont on ne cause
1050 Pas plus que de cordon dans l'hôtel d'un pendu !

CHRISTIAN

Qu'est-ce ?

UN AUTRE CADET, *d'une voix terrible.*

Regardez-moi !

*Il pose trois fois, mystérieusement, son
doigt sur son nez.*

M'avez-vous entendu ?

CHRISTIAN

Ah ! c'est le…

UN AUTRE

Chut !… jamais ce mot ne se profère !

*Il montre Cyrano qui cause au fond
avec Le Bret.*

Ou c'est à lui, là-bas, que l'on aurait affaire !

UN AUTRE, *qui, pendant qu'il était tourné
vers les premiers, est venu sans bruit
s'asseoir sur la table, dans son dos.*

Deux nasillards par lui furent exterminés
Parce qu'il lui déplut qu'ils parlassent du nez !   1055

UN AUTRE, *d'une voix caverneuse,*
surgissant de sous la table
où il s'est glissé à quatre pattes.

On ne peut faire, sans défuncter avant l'âge,
La moindre allusion au fatal cartilage !

UN AUTRE, *lui posant la main*
sur l'épaule.

Un mot suffit ! Que dis-je, un mot ? Un geste, un
[seul !
Et tirer son mouchoir, c'est tirer son linceul !

Silence. Tous autour de lui, les bras
croisés, le regardent. Il se lève et va à Car-
bon de Castel-Jaloux qui, causant avec un
officier, a l'air de ne rien voir.

CHRISTIAN

1060 Capitaine !

CARBON, *se retournant et le toisant.*

Monsieur ?

CHRISTIAN

Que fait-on quand on trouve
Des Méridionaux trop vantards ?...

CARBON

On leur prouve
Qu'on peut être du Nord, et courageux.

Il lui tourne le dos.

CHRISTIAN

Merci.

PREMIER CADET, *à Cyrano.*

Maintenant, ton récit !

TOUS

Son récit !

CYRANO, *redescendant vers eux.*

Mon récit ?...

*Tous rapprochent leurs escabeaux, se
groupent autour de lui, tendent le col.
Christian s'est mis à cheval sur une
chaise.*

Eh bien ! donc je marchais tout seul, à leur rencontre.
La lune, dans le ciel, luisait comme une montre,   1065
Quand soudain, je ne sais quel soigneux horloger
S'étant mis à passer un coton nuager
Sur le boîtier d'argent de cette montre ronde,
Il se fit une nuit la plus noire du monde,

1070 Et les quais n'étant pas du tout illuminés,
Mordious ! on n'y voyait pas plus loin…

CHRISTIAN

Que son nez.

*Silence. Tout le monde se lève lente-
ment. On regarde Cyrano avec terreur.
Celui-ci s'est interrompu, stupéfait.
Attente.*

CYRANO

Qu'est-ce que c'est que cet homme-là ?

UN CADET, *à mi-voix.*

C'est un homme
Arrivé ce matin.

CYRANO, *faisant un pas vers Christian.*

Ce matin ?

CARBON, *à mi-voix.*

Il se nomme
Le baron de Neuvil…

CYRANO, *vivement, s'arrêtant.*

Ah ! c'est bien…

*Il pâlit, rougit, a encore un mouvement
pour se jeter sur Christian.*

Je...

*Puis, il se domine, et dit d'une voix
sourde.*

Très bien.

Il reprend.

Je disais donc...   1075

Avec un éclat de rage dans la voix.

Mordious !...

Il continue d'un ton naturel.

que l'on n'y voyait rien.

Stupeur. On se rassied en se regardant.

Et je marchais, songeant que pour un gueux fort
[mince
J'allais mécontenter quelque grand, quelque prince,
Qui m'aurait sûrement...

CHRISTIAN

Dans le nez...

*Tout le monde se lève. Christian se
balance sur sa chaise.*

CYRANO, *d'une voix étranglée.*

Une dent, —
Qui m'aurait une dent... et qu'en somme, imprudent,
J'allais fourrer...   1080

CHRISTIAN

Le nez…

CYRANO

          Le doigt… entre l'écorce
Et l'arbre, car ce grand pouvait être de force
À me faire donner…

CHRISTIAN

       Sur le nez…

CYRANO, *essuyant la sueur à son front.*

             Sur les doigts.
— Mais j'ajoutai : Marche, Gascon, fais ce que
                  [dois !
Va, Cyrano ! Et ce disant, je me hasarde,
1085 Quand, dans l'ombre, quelqu'un me porte…

CHRISTIAN

                Une nasarde.

CYRANO

Je la pare et soudain me trouve…

CHRISTIAN

              Nez à nez…

CYRANO, *bondissant vers lui.*

Ventre-Saint-Gris !

Tous les Gascons se précipitent pour voir ; arrivé sur Christian, il se maîtrise et continue.

avec cent braillards avinés

Qui puaient…

CHRISTIAN

À plein nez…

CYRANO, *blême et souriant.*

L'oignon et la litharge !

Je bondis, front baissé…

CHRISTIAN

Nez au vent !

CYRANO

et je charge !

J'en estomaque deux ! J'en empale un tout vif !   1090

Quelqu'un m'ajuste : Paf ! et je riposte…

CHRISTIAN

Pif !

CYRANO, *éclatant.*

Tonnerre ! Sortez tous !

Tous les cadets se précipitent vers les portes.

PREMIER CADET

C'est le réveil du tigre !

CYRANO

Tous ! Et laissez-moi seul avec cet homme !

DEUXIÈME CADET

Bigre !

On va le retrouver en hachis !

RAGUENEAU

En hachis ?

UN AUTRE CADET

1095 Dans un de vos pâtés !

RAGUENEAU

Je sens que je blanchis,
Et que je m'amollis comme une serviette !

CARBON

Sortons !

UN AUTRE

Il n'en va pas laisser une miette !

UN AUTRE

Ce qui va se passer ici, j'en meurs d'effroi !

UN AUTRE, *refermant la porte de droite.*

Quelque chose d'épouvantable !

> *Ils sont tous sortis, — soit par le fond,*
> *soit par les côtés, — quelques-uns ont dis-*
> *paru par l'escalier. Cyrano et Christian*
> *restent face à face, et se regardent un*
> *moment.*

SCÈNE X

CYRANO, CHRISTIAN

CYRANO

Embrasse-moi !

CHRISTIAN

Monsieur…   1100

CYRANO

Brave.

CHRISTIAN

Ah çà ! mais !…

CYRANO

Très brave. Je préfère.

CHRISTIAN

Me direz-vous ?…

CYRANO

Embrasse-moi. Je suis son frère.

CHRISTIAN

De qui ?

CYRANO

Mais d'elle !

CHRISTIAN

Hein ?…

CYRANO

Mais de Roxane !

CHRISTIAN, *courant à lui.*

Ciel !

Vous, son frère ?

CYRANO

Ou tout comme : un cousin fraternel.

CHRISTIAN

Elle vous a ?…

CYRANO

Tout dit !

CHRISTIAN

M'aime-t-elle ?

CYRANO

Peut-être !

CHRISTIAN, *lui prenant les mains.*

Comme je suis heureux, Monsieur, de vous   1105
[connaître !

CYRANO

Voilà ce qui s'appelle un sentiment soudain.

CHRISTIAN

Pardonnez-moi…

CYRANO, *le regardant,*
et lui mettant la main sur l'épaule.

C'est vrai qu'il est beau, le gredin !

CHRISTIAN

Si vous saviez, Monsieur, comme je vous admire !

CYRANO

Mais tous ces nez que vous m'avez…

CHRISTIAN

Je les retire !

CYRANO

1110 Roxane attend ce soir une lettre…

CHRISTIAN

Hélas !

CYRANO

Quoi !

CHRISTIAN

C'est me perdre que de cesser de rester coi !

CYRANO

Comment ?

CHRISTIAN

Las ! je suis sot à m'en tuer de honte !

CYRANO

Mais non, tu ne l'es pas puisque tu t'en rends
                                        [compte.
D'ailleurs, tu ne m'as pas attaqué comme un sot.

CHRISTIAN

1115 Bah ! on trouve des mots quand on monte à l'assaut !
Oui, j'ai certain esprit facile et militaire,

Mais je ne sais, devant les femmes, que me taire.
Oh! leurs yeux, quand je passe, ont pour moi des
[bontés…

CYRANO

Leurs cœurs n'en ont-ils plus quand vous vous
[arrêtez?

CHRISTIAN

Non! car je suis de ceux, — je le sais… et je   1120
[tremble! —
Qui ne savent parler d'amour.

CYRANO

Tiens!… Il me semble
Que si l'on eût pris soin de me mieux modeler,
J'aurais été de ceux qui savent en parler.

CHRISTIAN

Oh! pouvoir exprimer les choses avec grâce!

CYRANO

Être un joli petit mousquetaire qui passe!   1125

CHRISTIAN

Roxane est précieuse et sûrement je vais
Désillusionner Roxane!

CYRANO, *regardant Christian.*

Si j'avais
Pour exprimer mon âme un pareil interprète !

CHRISTIAN, *avec désespoir.*

Il me faudrait de l'éloquence !

CYRANO, *brusquement.*

Je t'en prête !
1130 Toi, du charme physique et vainqueur, prête-m'en :
Et faisons à nous deux un héros de roman !

CHRISTIAN

Quoi ?

CYRANO

Te sens-tu de force à répéter les choses
Que chaque jour je t'apprendrai ?...

CHRISTIAN

Tu me proposes ?...

CYRANO

Roxane n'aura pas de désillusions !
1135 Dis, veux-tu qu'à nous deux nous la séduisions ?
Veux-tu sentir passer, de mon pourpoint de buffle
Dans ton pourpoint brodé, l'âme que je t'insuffle !...

CHRISTIAN

Mais, Cyrano !...

CYRANO

Christian, veux-tu ?

CHRISTIAN

Tu me fais peur !

CYRANO

Puisque tu crains, tout seul, de refroidir son cœur,
Veux-tu que nous fassions — et bientôt tu   1140
                    [l'embrases ! —
Collaborer un peu tes lèvres et mes phrases ?...

CHRISTIAN

Tes yeux brillent !...

CYRANO

Veux-tu ?...

CHRISTIAN

Quoi ! cela te ferait
Tant de plaisir ?...

CYRANO, *avec enivrement.*

Cela...

Se reprenant, et en artiste.

Cela m'amuserait !
C'est une expérience à tenter un poète.
1145 Veux-tu me compléter et que je te complète ?
Tu marcheras, j'irai dans l'ombre à ton côté :
Je serai ton esprit, tu seras ma beauté.

CHRISTIAN

Mais la lettre qu'il faut, au plus tôt, lui remettre !
Je ne pourrai jamais…

CYRANO, *sortant de son pourpoint*
la lettre qu'il a écrite.

Tiens, la voilà, ta lettre !

CHRISTIAN

1150 Comment ?

CYRANO

Hormis l'adresse, il n'y manque plus rien.

CHRISTIAN

Je…

CYRANO

Tu peux l'envoyer. Sois tranquille. Elle est bien.

CHRISTIAN

Vous aviez ?…

CYRANO

Nous avons toujours, nous, dans nos poches,
Des épîtres à des Chloris… de nos caboches,
Car nous sommes ceux-là qui pour amante n'ont
Que du rêve soufflé dans la bulle d'un nom !…   1155
Prends, et tu changeras en vérités ces feintes ;
Je lançais au hasard ces aveux et ces plaintes :
Tu verras se poser tous ces oiseaux errants.
Tu verras que je fus dans cette lettre — prends ! —
D'autant plus éloquent que j'étais moins sincère !   1160
— Prends donc, et finissons !

CHRISTIAN

                    N'est-il pas nécessaire
De changer quelques mots ? Écrite en divaguant,
Ira-t-elle à Roxane ?

CYRANO

                    Elle ira comme un gant !

CHRISTIAN

Mais…

CYRANO

La crédulité de l'amour-propre est telle,
Que Roxane croira que c'est écrit pour elle !   1165

CHRISTIAN

Ah! mon ami!

> *Il se jette dans les bras de Cyrano. Ils restent embrassés.*

SCÈNE XI

CYRANO, CHRISTIAN, LES GASCONS,
LE MOUSQUETAIRE, LISE

UN CADET, *entr'ouvrant la porte.*

Plus rien... Un silence de mort...
Je n'ose regarder...

> *Il passe la tête.*

Hein?

TOUS LES CADETS,
*entrant et voyant Cyrano et Christian
qui s'embrassent.*

Ah!... Oh!...

UN CADET

C'est trop fort!

> *Consternation.*

LE MOUSQUETAIRE, *goguenard.*

Ouais ?...

CARBON

Notre démon est doux comme un apôtre !
Quand sur une narine on le frappe, — il tend
[l'autre ?

LE MOUSQUETAIRE

On peut donc lui parler de son nez, maintenant ?...   1170

Appelant Lise, d'un air triomphant.

— Eh ! Lise ! Tu vas voir !

Humant l'air avec affectation.

Oh !... oh !... c'est surprenant !
Quelle odeur !...

*Allant à Cyrano, dont il regarde le nez
avec impertinence.*

Mais monsieur doit l'avoir reniflée ?
Qu'est-ce que cela sent ici ?...

CYRANO, *le souffletant.*

La giroflée !

*Joie. Les cadets ont retrouvé Cyrano :
ils font des culbutes.*

RIDEAU

TROISIÈME ACTE

LE BAISER DE ROXANE

Une petite place dans l'ancien Marais. Vieilles maisons. Perspectives de ruelles. À droite, la maison de Roxane et le mur de son jardin que débordent de larges feuillages. Au-dessus de la porte, fenêtre et balcon. Un banc devant le seuil.

Du lierre grimpe au mur, du jasmin enguirlande le balcon, frissonne et retombe.

Par le banc et les pierres en saillie du mur, on peut facilement grimper au balcon.

En face, une ancienne maison de même style, brique et pierre, avec une porte d'entrée. Le heurtoir de cette porte est emmailloté de linge comme un pouce malade.

Au lever du rideau, la duègne est assise sur le banc. La fenêtre est grande ouverte sur le balcon de Roxane.

Près de la duègne se tient debout Ragueneau, vêtu d'une sorte de livrée : il termine un récit, en s'essuyant les yeux.

SCÈNE PREMIÈRE

RAGUENEAU, LA DUÈGNE,
puis ROXANE, CYRANO *et* DEUX PAGES.

RAGUENEAU

… Et puis, elle est partie avec un mousquetaire !
Seul, ruiné, je me pends. J'avais quitté la terre.   1175
Monsieur de Bergerac entre, et, me dépendant,
Me vient à sa cousine offrir comme intendant.

LA DUÈGNE

Mais comment expliquer cette ruine où vous êtes ?

RAGUENEAU

Lise aimait les guerriers, et j'aimais les poètes !
Mars mangeait les gâteaux que laissait Apollon :   1180
— Alors, vous comprenez, cela ne fut pas long !

LA DUÈGNE, *se levant et appelant
vers la fenêtre ouverte.*

Roxane, êtes-vous prête ?… On nous attend !

LA VOIX DE ROXANE, *par la fenêtre.*

                                        Je passe
Une mante !

LA DUÈGNE, *à Ragueneau,*
lui montrant la porte d'en face.

C'est là qu'on nous attend, en face.
Chez Clomire[1]. Elle tient bureau, dans son réduit.
1185 On y lit un discours sur le Tendre, aujourd'hui.

RAGUENEAU

Sur le Tendre ?

LA DUÈGNE, *minaudant.*

Mais oui !…

Criant vers la fenêtre.

Roxane, il faut descendre,
Ou nous allons manquer le discours sur le Tendre !

LA VOIX DE ROXANE

Je viens !

On entend un bruit d'instruments à
cordes qui se rapproche.

LA VOIX DE CYRANO,
chantant dans la coulisse.

La ! la ! la ! la !

---

1. Clomire figure dans le *Dictionnaire des Prétieuses* ; il
s'agissait de Mlle Clisson.

LA DUÈGNE, *surprise.*

On nous joue un morceau ?

CYRANO, *suivi de deux pages porteurs
de théorbes.*

Je vous dis que la croche est triple, triple sot !

PREMIER PAGE, *ironique.*

Vous savez donc, Monsieur, si les croches sont   1190
[triples ?

CYRANO

Je suis musicien, comme tous les disciples
De Gassendi[1] !

LE PAGE, *jouant et chantant.*

La ! la !

CYRANO, *lui arrachant le théorbe
et continuant la phrase musicale.*

Je peux continuer !…
La ! la ! la ! la !

ROXANE, *paraissant sur le balcon.*

C'est vous ?

1. Gassendi (1592-1655) fut l'un des plus illustres matéria-
listes de l'époque. Cyrano suivit son enseignement au Collège
de Lisieux.

CYRANO, *chantant sur l'air*
qu'il continue.

Moi qui viens saluer
Vos lys, et présenter mes respects à vos ro.....ses !

ROXANE

1195 Je descends !

Elle quitte le balcon.

LA DUÈGNE, *montrant les pages.*

Qu'est-ce donc que ces deux virtuoses ?

CYRANO

C'est un pari que j'ai gagné sur d'Assoucy.
Nous discutions un point de grammaire. — Non !
                                                                [— Si ! —
Quand soudain me montrant ces deux grands
                                                                [escogriffes
Habiles à gratter les cordes de leurs griffes,
1200 Et dont il fait toujours son escorte, il me dit :
« Je te parie un jour de musique ! » Il perdit.
Jusqu'à ce que Phœbus recommence son orbe,
J'ai donc sur mes talons ces joueurs de théorbe,
De tout ce que je fais harmonieux témoins !...
1205 Ce fut d'abord charmant, et ce l'est déjà moins.

Aux musiciens.

Hep !… Allez de ma part jouer une pavane
À Montfleury !…

> *Les pages remontent pour sortir. — À*
> *la duègne.*

Je viens demander à Roxane
Ainsi que chaque soir…

> *Aux pages qui sortent.*

> Jouez longtemps, — et faux !

> *À la duègne.*

… Si l'ami de son âme est toujours sans défauts ?

ROXANE, *sortant de la maison.*

Ah ! qu'il est beau, qu'il a d'esprit, et que je l'aime !   1210

CYRANO, *souriant.*

Christian a tant d'esprit ?…

ROXANE

Mon cher, plus que vous-même !

CYRANO

J'y consens.

ROXANE

Il ne peut exister à mon goût
Plus fin diseur de ces jolis riens qui sont tout.

Parfois il est distrait, ses Muses sont absentes;
1215 Puis, tout à coup, il dit des choses ravissantes!

CYRANO, *incrédule.*

Non?

ROXANE

C'est trop fort! Voilà comme les hommes sont:
Il n'aura pas d'esprit puisqu'il est beau garçon!

CYRANO

Il sait parler du cœur d'une façon experte?

ROXANE

Mais il n'en parle pas, Monsieur, il en disserte!

CYRANO

1220 Il écrit?

ROXANE

Mieux encor! Écoutez donc un peu:

Déclamant.

«*Plus tu me prends de cœur, plus j'en ai!...*»

Triomphante, à Cyrano.

Hé! bien?

CYRANO

Peuh!...

ROXANE

Et ceci : «*Pour souffrir, puisqu'il m'en faut un
                                        [autre,
Si vous gardez mon cœur, envoyez-moi le vôtre !*»

CYRANO

Tantôt il en a trop et tantôt pas assez.
Qu'est-ce au juste qu'il veut, de cœur ?...   1225

ROXANE, *frappant du pied.*

                              Vous m'agacez !
C'est la jalousie...

CYRANO, *tressaillant.*

        Hein !...

ROXANE

                    ... d'auteur qui vous dévore !
— Et ceci, n'est-il pas du dernier tendre encore ?
«*Croyez que devers vous mon cœur ne fait qu'un
                                        [cri,
Et que si les baisers s'envoyaient par écrit,
Madame, vous liriez ma lettre avec les lèvres !...*» 1230

CYRANO, *souriant malgré lui
de satisfaction.*

Ha ! ha ! ces lignes-là sont... hé ! hé !

Se reprenant et avec dédain.

mais bien mièvres !

ROXANE

Et ceci…

CYRANO, *ravi.*

Vous savez donc ses lettres par cœur ?

ROXANE

Toutes !

CYRANO, *frisant sa moustache.*

Il n'y a pas à dire : c'est flatteur !

ROXANE

C'est un maître !

CYRANO, *modeste.*

Oh !… un maître !…

ROXANE, *péremptoire.*

Un maître !…

CYRANO, *saluant.*

Soit !… un maître !

LA DUÈGNE, *qui était remontée,*
redescendant vivement.

Monsieur de Guiche !   1235

À Cyrano, le poussant vers la maison.

Entrez !… car il vaut mieux, peut-être,
Qu'il ne vous trouve pas ici ; cela pourrait
Le mettre sur la piste…

ROXANE, *à Cyrano.*

Oui, de mon cher secret !
Il m'aime, il est puissant, il ne faut pas qu'il sache !
Il peut dans mes amours donner un coup de hache !

CYRANO, *entrant dans la maison.*

Bien ! bien ! bien !   1240

De Guiche paraît.

SCÈNE II

ROXANE, DE GUICHE, LA DUÈGNE,
à l'écart.

ROXANE, *à De Guiche,*
lui faisant une révérence.

Je sortais.

DE GUICHE

Je viens prendre congé.

ROXANE

Vous partez ?

DE GUICHE

Pour la guerre.

ROXANE

Ah !

DE GUICHE

Ce soir même.

ROXANE

Ah !

DE GUICHE

J'ai

Des ordres. On assiège Arras.

ROXANE

Ah !... on assiège ?...

DE GUICHE

Oui... Mon départ a l'air de vous laisser de neige.

ROXANE, *poliment.*

Oh !...

DE GUICHE

Moi, je suis navré. Vous reverrai-je ?... Quand ?
— Vous savez que je suis nommé mestre de camp ? 1245

ROXANE, *indifférente.*

Bravo.

DE GUICHE

Du régiment des gardes.

ROXANE, *saisie.*

Ah ? des gardes ?

DE GUICHE

Où sert votre cousin, l'homme aux phrases
[vantardes.
Je saurai me venger de lui, là-bas.

ROXANE, *suffoquée.*

Comment !
Les gardes vont là-bas ?

DE GUICHE, *riant.*

Tiens ! c'est mon régiment !

ROXANE, *tombant assise sur le banc,*
— à part.

1250 Christian !

DE GUICHE

Qu'avez-vous ?

ROXANE, *tout émue*

Ce… départ… me désespère !
Quand on tient à quelqu'un, le savoir à la guerre !

DE GUICHE, *surpris et charmé.*

Pour la première fois me dire un mot si doux,
Le jour de mon départ !

ROXANE, *changeant de ton et s'éventant.*

Alors, — vous allez vous
Venger de mon cousin ?…

DE GUICHE, *souriant.*

On est pour lui ?

ROXANE

Non, — contre !

DE GUICHE

1255 Vous le voyez ?

ROXANE

Très peu.

DE GUICHE

Partout on le rencontre
Avec un des cadets…

Il cherche le nom.

ce Neu… villen… viller…

ROXANE

Un grand?

DE GUICHE

Blond.

ROXANE

Roux.

DE GUICHE

Beau!…

ROXANE

Peuh!

DE GUICHE

Mais bête.

ROXANE

Il en a l'air !

Changeant de ton.

… Votre vengeance envers Cyrano, — c'est
[peut-être
De l'exposer au feu, qu'il adore ?… Elle est piètre !
1260 Je sais bien, moi, ce qui serait sanglant !

DE GUICHE

C'est ?…

ROXANE

Mais si le régiment, en partant, le laissait
Avec ses chers cadets, pendant toute la guerre,
À Paris, bras croisés !… C'est la seule manière,
Un homme comme lui, de le faire enrager :
1265 Vous voulez le punir ? privez-le de danger.

DE GUICHE

Une femme ! une femme ! il n'y a qu'une femme
Pour inventer ce tour !

ROXANE

Il se rongera l'âme,
Et ses amis les poings, de n'être pas au feu :
Et vous serez vengé !

DE GUICHE, *se rapprochant.*

Vous m'aimez donc un peu !

Elle sourit.

Je veux voir dans ce fait d'épouser ma rancune   1270
Une preuve d'amour, Roxane !...

ROXANE

C'en est une.

DE GUICHE,
montrant plusieurs plis cachetés.

J'ai les ordres sur moi qui vont être transmis
À chaque compagnie, à l'instant même, hormis...

Il en détache un.

Celui-ci ! C'est celui des cadets.

Il le met dans sa poche.

Je le garde.

Riant.

Ah ! ah ! ah ! Cyrano !... Son humeur bataillarde !...   1275
— Vous jouez donc des tours aux gens, vous ?...

ROXANE, *le regardant.*

Quelquefois.

DE GUICHE, *tout près d'elle.*

Vous m'affolez ! Ce soir — écoutez — oui, je dois
Être parti. Mais fuir quand je vous sens émue !...
Écoutez. Il y a, près d'ici, dans la rue
1280 D'Orléans, un couvent fondé par le syndic
Des capucins, le Père Athanase. Un laïc
N'y peut entrer. Mais les bons Pères, je m'en
[charge !...
Ils peuvent me cacher dans leur manche : elle est
[large.
— Ce sont les capucins qui servent Richelieu
1285 Chez lui ; redoutant l'oncle, ils craignent le neveu. —
On me croira parti. Je viendrai sous le masque.
Laissez-moi retarder d'un jour, chère fantasque !...

ROXANE, *vivement.*

Mais si cela s'apprend, votre gloire...

DE GUICHE

Bah !

ROXANE

Mais
Le siège, Arras...

DE GUICHE

Tant pis ! Permettez !

ROXANE

Non !

DE GUICHE

Permets !

ROXANE, *tendrement*.

Je dois vous le défendre !   1290

DE GUICHE

Ah !

ROXANE

Partez !

À part.

Christian reste.

Haut.

Je vous veux héroïque, — Antoine !

DE GUICHE

Mot céleste !

Vous aimez donc celui ?...

ROXANE

Pour lequel j'ai frémi.

DE GUICHE, *transporté de joie.*

Ah ! je pars !

> *Il lui baise la main.*

Êtes-vous contente ?

ROXANE

> Oui, mon ami !

> *Il sort.*

LA DUÈGNE, *lui faisant*
dans le dos une révérence comique.

Oui, mon ami !

ROXANE, *à la duègne.*

> Taisons ce que je viens de faire :
1295 Cyrano m'en voudrait de lui voler sa guerre !

> *Elle appelle vers la maison.*

Cousin !

SCÈNE III

ROXANE, LA DUÈGNE, CYRANO

ROXANE

Nous allons chez Clomire.

Elle désigne la porte d'en face.

Alcandre y doit
Parler, et Lysimon !

LA DUÈGNE, *mettant son petit doigt*
dans son oreille.

Oui ! mais mon petit doigt
Dit qu'on va les manquer !

CYRANO, *à Roxane.*

Ne manquez pas ces singes.

Ils sont arrivés devant la porte de Clo-
mire.

LA DUÈGNE, *avec ravissement.*

Oh ! voyez ! le heurtoir est entouré de linges !…

Au heurtoir.

On vous a bâillonné pour que votre métal   1300
Ne troublât pas les beaux discours, — petit brutal !

Elle le soulève avec des soins infinis et frappe doucement.

ROXANE, *voyant qu'on ouvre.*

Entrons !…

Du seuil, à Cyrano.

Si Christian vient, comme je le présume,
Qu'il m'attende !

CYRANO, *vivement,
comme elle va disparaître.*

Ah !…

Elle se retourne.

Sur quoi, selon votre coutume,
Comptez-vous aujourd'hui l'interroger !

ROXANE

Sur…

CYRANO, *vivement.*

Sur ?

ROXANE

1305   Mais vous serez muet, là-dessus !

CYRANO

Comme un mur.

ROXANE

Sur rien!… Je vais lui dire : Allez! Partez sans
                              [bride!
Improvisez. Parlez d'amour. Soyez splendide!

CYRANO, *souriant.*

Bon.

ROXANE

Chut!…

CYRANO

Chut!…

ROXANE

Pas un mot!…

Elle rentre et referme la porte.

CYRANO, *la saluant,*
la porte une fois fermée.

En vous remerciant!

*La porte se rouvre et Roxane passe la
tête.*

ROXANE

Il se préparerait!…

CYRANO

Diable, non !...

TOUS LES DEUX, *ensemble.*

Chut !...

La porte se ferme.

CYRANO, *appelant.*

Christian !

SCÈNE IV

CYRANO, CHRISTIAN

CYRANO, *vite, à Christian.*

1310 Je sais tout ce qu'il faut. Prépare ta mémoire.
Voici l'occasion de se couvrir de gloire.
Ne perdons pas de temps. Ne prends pas l'air
                                              [grognon.
Vite, rentrons chez toi, je vais t'apprendre...

CHRISTIAN

Non !

CYRANO

Hein ?

CHRISTIAN

Non ! J'attends Roxane ici.

CYRANO

De quel vertige
Es-tu frappé ? Viens vite apprendre…   1315

CHRISTIAN

Non, te dis-je !
Je suis las d'emprunter mes lettres, mes discours,
Et de jouer ce rôle, et de trembler toujours !…
C'était bon au début ! Mais je sens qu'elle m'aime !
Merci. Je n'ai plus peur. Je vais parler moi-même.

CYRANO

Ouais !   1320

CHRISTIAN

Et qui te dit que je ne saurai pas ?…
Je ne suis pas si bête à la fin ! Tu verras !
Mais, mon cher, tes leçons m'ont été profitables.
Je saurai parler seul ! Et, de par tous les diables,
Je saurai bien toujours la prendre dans mes bras !…

> *Apercevant Roxane, qui ressort de chez Clomire.*

— C'est elle ! Cyrano, non, ne me quitte pas !   1325

CYRANO, *le saluant.*

Parlez tout seul, Monsieur.

Il disparaît derrière le mur du jardin.

SCÈNE V

CHRISTIAN, ROXANE,
QUELQUES PRÉCIEUX ET PRÉCIEUSES,
et LA DUÈGNE, *un instant.*

ROXANE, *sortant de la maison
de Clomire avec une compagnie
qu'elle quitte : révérences et saluts.*

Barthénoïde ! — Alcandre ! —
Grémione !...

LA DUÈGNE, *désespérée.*

On a manqué le discours sur le Tendre !

Elle rentre chez Roxane.

ROXANE, *saluant encore.*

Urimédonte !... Adieu !...

*Tous saluent Roxane, se resaluent
entre eux, se séparent et s'éloignent par
différentes rues. Roxane voit Christian.*

C'est vous !…

           Elle va à lui.

        Le soir descend.
Attendez. Ils sont loin. L'air est doux. Nul passant.
Asseyons-nous. Parlez. J'écoute.   1330

    CHRISTIAN *s'assied près d'elle,*
    sur le banc. Un silence.

          Je vous aime.

    ROXANE, *fermant les yeux.*

Oui, parlez-moi d'amour.

      CHRISTIAN

      Je t'aime.

      ROXANE

          C'est le thème.
Brodez, brodez.

      CHRISTIAN

      Je vous…

      ROXANE

      Brodez !

      CHRISTIAN

        Je t'aime tant.

ROXANE

Sans doute. Et puis ?

CHRISTIAN

			Et puis… je serais si content
Si vous m'aimiez ! — Dis-moi, Roxane, que tu
					[m'aimes !

ROXANE, *avec une moue.*

1335 Vous m'offrez du brouet quand j'espérais des
					[crèmes !
Dites un peu comment vous m'aimez ?…

CHRISTIAN

				Mais… beaucoup.

ROXANE

Oh !… Délabyrinthez vos sentiments !

CHRISTIAN, *qui s'est rapproché
et dévore des yeux la nuque blonde.*

				Ton cou !
Je voudrais l'embrasser !…

ROXANE

		Christian !

CHRISTIAN

				Je t'aime !

ROXANE, *voulant se lever.*

Encore !

CHRISTIAN, *vivement, la retenant.*

Non ! je ne t'aime pas !

ROXANE, *se rasseyant.*

C'est heureux !

CHRISTIAN

Je t'adore !

ROXANE, *se levant et s'éloignant.*

Oh ! 1340

CHRISTIAN

Oui… je deviens sot !

ROXANE, *sèchement.*

Et cela me déplaît !
Comme il me déplairait que vous devinssiez laid.

CHRISTIAN

Mais…

ROXANE

Allez rassembler votre éloquence en fuite !

CHRISTIAN

Je...

ROXANE

Vous m'aimez, je sais. Adieu.

Elle va vers la maison.

CHRISTIAN

Pas tout de suite !
Je vous dirai...

ROXANE, *poussant la porte pour entrer.*

Que vous m'adorez... oui, je sais.
1345 Non ! Non ! Allez-vous-en !

CHRISTIAN

Mais je...

Elle lui ferme la porte au nez.

CYRANO, *qui depuis un moment
est rentré sans être vu.*

C'est un succès.

SCÈNE VI

CHRISTIAN, CYRANO, LES PAGES,
un instant.

CHRISTIAN

Au secours !

CYRANO

Non monsieur.

CHRISTIAN

Je meurs si je ne rentre
En grâce, à l'instant même…

CYRANO

Et comment puis-je, diantre !
Vous faire à l'instant même, apprendre ?…

CHRISTIAN, *lui saisissant le bras.*

Oh ! là, tiens, vois !

La fenêtre du balcon s'est éclairée.

CYRANO, *ému.*

Sa fenêtre !

CHRISTIAN, *criant.*

Je vais mourir !

CYRANO

Baissez la voix !

CHRISTIAN, *tout bas*.

1350 Mourir !...

CYRANO

La nuit est noire...

CHRISTIAN

Eh ! bien ?

CYRANO

C'est réparable.
Vous ne méritez pas... Mets-toi là, misérable !
Là, devant le balcon ! Je me mettrai dessous...
Et je te soufflerai tes mots.

CHRISTIAN

Mais...

CYRANO

Taisez-vous !

LES PAGES, *reparaissant au fond, à
Cyrano*.

Hep !

CYRANO

Chut !…

> *Il leur fait signe de parler bas.*

PREMIER PAGE, *à mi-voix.*

Nous venons de donner la sérénade
À Montfleury !…   1355

CYRANO, *bas, vite.*

Allez vous mettre en embuscade
L'un à ce coin de rue, et l'autre à celui-ci ;
Et si quelque passant gênant vient par ici,
Jouez un air !

DEUXIÈME PAGE

Quel air, monsieur le gassendiste ?

CYRANO

Joyeux pour une femme, et pour un homme, triste !

> *Les pages disparaissent, un à chaque
> coin de rue. — À Christian.*

Appelle-la !   1360

CHRISTIAN

Roxane !

CYRANO, *ramassant des cailloux*
qu'il jette dans les vitres.

Attends ! Quelques cailloux.

SCÈNE VII

ROXANE, CHRISTIAN, CYRANO,
d'abord caché sous le balcon.

ROXANE, *entr'ouvrant sa fenêtre.*

Qui donc m'appelle ?

CHRISTIAN

Moi.

ROXANE

Qui, moi ?

CHRISTIAN

Christian.

ROXANE, *avec dédain.*

C'est vous ?

CHRISTIAN

Je voudrais vous parler.

CYRANO, *sous le balcon, à Christian.*

      Bien. Bien. Presque à voix basse.

ROXANE

Non ! Vous parlez trop mal. Allez-vous-en !

CHRISTIAN

            De grâce !…

ROXANE

Non ! Vous ne m'aimez plus !

CHRISTIAN, *à qui Cyrano*
souffle ses mots.

        M'accuser, — justes dieux ! —
De n'aimer plus… quand… j'aime plus !   1365

ROXANE, *qui allait refermer sa fenêtre,*
s'arrêtant.

        Tiens ! mais c'est mieux !

CHRISTIAN, *même jeu.*

L'amour grandit bercé dans mon âme inquiète…
Que ce… cruel marmot prit pour… barcelonnette !

ROXANE, *s'avançant sur le balcon.*

C'est mieux ! — Mais, puisqu'il est cruel, vous
                     [fûtes sot
De ne pas, cet amour, l'étouffer au berceau !

CHRISTIAN, *même jeu.*

1370 Aussi l'ai-je tenté, mais… tentative nulle :
Ce… nouveau-né, Madame, est un petit… Hercule.

ROXANE

C'est mieux !

CHRISTIAN, *même jeu.*

De sorte qu'il… strangula comme rien…
Les deux serpents… Orgueil et… Doute.

ROXANE, *s'accoudant au balcon.*

Ah ! c'est très bien.
— Mais pourquoi parlez-vous de façon peu hâtive ?
1375 Auriez-vous donc la goutte à l'imaginative ?

CYRANO, *tirant Christian sous le balcon,*
et se glissant à sa place.

Chut ! Cela devient trop difficile !…

ROXANE

Aujourd'hui…
Vos mots sont hésitants. Pourquoi ?

CYRANO, *parlant à mi-voix,*
comme Christian.

C'est qu'il fait nuit,
Dans cette ombre, à tâtons, ils cherchent votre
[oreille.

ROXANE

Les miens n'éprouvent pas difficulté pareille.

CYRANO

Ils trouvent tout de suite ? oh ! cela va de soi,   1380
Puisque c'est dans mon cœur, eux, que je les reçoi ;
Or, moi, j'ai le cœur grand, vous, l'oreille petite.
D'ailleurs vos mots à vous, descendent : ils vont
                                        [vite.
Les miens montent, Madame : il leur faut plus de
                                        [temps !

ROXANE

Mais ils montent bien mieux depuis quelques   1385
                                        [instants.

CYRANO

De cette gymnastique, ils ont pris l'habitude !

ROXANE

Je vous parle, en effet, d'une vraie altitude !

CYRANO

Certe, et vous me tueriez si de cette hauteur
Vous me laissiez tomber un mot dur sur le cœur !

ROXANE, *avec un mouvement.*

Je descends.   1390

CYRANO, *vivement.*

Non !

ROXANE, *lui montrant le banc*
qui est sous le balcon.

Grimpez sur le banc, alors, vite !

CYRANO, *reculant avec effroi*
dans la nuit.

Non !

ROXANE

Comment… non ?

CYRANO, *que l'émotion gagne*
de plus en plus.

Laissez un peu que l'on profite…
De cette occasion qui s'offre… de pouvoir
Se parler doucement, sans se voir.

ROXANE

Sans se voir ?

CYRANO

Mais oui, c'est adorable. On se devine à peine.
1395 Vous voyez la noirceur d'un long manteau qui
[traîne,
J'aperçois la blancheur d'une robe d'été :

Moi je ne suis qu'une ombre, et vous qu'une clarté !
Vous ignorez pour moi ce que sont ces minutes !
Si quelquefois je fus éloquent...

ROXANE

Vous le fûtes !

CYRANO

Mon langage jamais jusqu'ici n'est sorti   1400
De mon vrai cœur...

ROXANE

Pourquoi ?

CYRANO

Parce que... jusqu'ici
Je parlais à travers...

ROXANE

Quoi ?

CYRANO

... le vertige où tremble
Quiconque est sous vos yeux !... Mais, ce soir, il
[me semble...
Que je vais vous parler pour la première fois !

ROXANE

C'est vrai que vous avez une tout autre voix.   1405

CYRANO, *se rapprochant avec fièvre.*

Oui, tout autre, car dans la nuit qui me protège
J'ose être enfin moi-même, et j'ose…

           Il s'arrête et avec égarement.

                    Où en étais-je ?
Je ne sais… tout ceci, — pardonnez mon émoi, —
C'est si délicieux,… c'est si nouveau pour moi !

ROXANE

1410 Si nouveau ?

        CYRANO, *bouleversé, et essayant*
        toujours de rattraper ses mots.

      Si nouveau… mais oui… d'être sincère :
La peur d'être raillé, toujours au cœur me serre…

ROXANE

Raillé de quoi ?

CYRANO

      Mais de… d'un élan !… Oui, mon cœur,
Toujours, de mon esprit s'habille, par pudeur :
Je pars pour décrocher l'étoile, et je m'arrête
1415 Par peur du ridicule, à cueillir la fleurette !

ROXANE

La fleurette a du bon.

CYRANO

Ce soir, dédaignons-la !

ROXANE

Vous ne m'aviez jamais parlé comme cela !

CYRANO

Ah ! si loin des carquois, des torches et des flèches,
On se sauvait un peu vers des choses... plus
                                        [fraîches !
Au lieu de boire goutte à goutte, en un mignon   1420
Dé à coudre d'or fin, l'eau fade du Lignon[1],
Si l'on tentait de voir comment l'âme s'abreuve
En buvant largement à même le grand fleuve !

ROXANE

Mais l'esprit ?...

CYRANO

                    J'en ai fait pour vous faire rester
D'abord, mais maintenant ce serait insulter   1425
Cette nuit, ces parfums, cette heure, la Nature,
Que de parler comme un billet doux de Voiture[2] !
— Laissons, d'un seul regard de ses astres, le ciel

---

1. Ce modeste affluent de la Loire devint célèbre pour couler dans le roman-fleuve qu'est *L'Astrée*.
2. Voiture (1595-1648) est un des grands noms de la préciosité.

Nous désarmer de tout notre artificiel :
1430 Je crains tant que parmi notre alchimie exquise
Le vrai du sentiment ne se volatilise,
Que l'âme ne se vide à ces passe-temps vains,
Et que le fin du fin ne soit la fin des fins !

ROXANE

Mais l'esprit ?…

CYRANO

Je le hais dans l'amour ! C'est un crime
1435 Lorsqu'on aime de trop prolonger cette escrime !
Le moment vient d'ailleurs inévitablement,
— Et je plains ceux pour qui ne vient pas ce
[moment ! —
Où nous sentons qu'en nous un amour noble existe
Que chaque joli mot que nous disons rend triste !

ROXANE

1440 Eh bien ! si ce moment est venu pour nous deux,
Quels mots me direz-vous ?

CYRANO

Tous ceux, tous ceux, tous ceux
Qui me viendront, je vais vous les jeter, en touffe,
Sans les mettre en bouquet : je vous aime, j'étouffe,
Je t'aime, je suis fou, je n'en peux plus, c'est trop ;
1445 Ton nom est dans mon cœur comme dans un grelot,
Et comme tout le temps, Roxane, je frissonne,
Tout le temps, le grelot s'agite, et le nom sonne !
De toi, je me souviens de tout, j'ai tout aimé :

Je sais que l'an dernier, un jour, le douze mai,
Pour sortir le matin tu changeas de coiffure !   1450
J'ai tellement pris pour clarté ta chevelure
Que comme lorsqu'on a trop fixé le soleil,
On voit sur toute chose ensuite un rond vermeil,
Sur tout, quand j'ai quitté les feux dont tu
                                            [m'inondes,
Mon regard ébloui pose des taches blondes !   1455

ROXANE, *d'une voix troublée.*

Oui, c'est bien de l'amour…

CYRANO

                          Certes, ce sentiment
Qui m'envahit, terrible et jaloux, c'est vraiment
De l'amour, il en a toute la fureur triste !
De l'amour, — et pourtant il n'est pas égoïste !
Ah ! que pour ton bonheur je donnerais le mien,   1460
Quand même tu devrais n'en savoir jamais rien,
S'il se pouvait, parfois, que de loin, j'entendisse
Rire un peu le bonheur né de mon sacrifice !
— Chaque regard de toi suscite une vertu
Nouvelle, une vaillance en moi ! Commences-tu 1465
À comprendre, à présent ? voyons, te rends-tu
                                            [compte ?
Sens-tu mon âme, un peu, dans cette ombre, qui
                                            [monte ?…
Oh ! mais vraiment, ce soir, c'est trop beau, c'est
                                            [trop doux !

Je vous dis tout cela, vous m'écoutez, moi, vous !
1470 C'est trop ! Dans mon espoir même le moins

[modeste,

Je n'ai jamais espéré tant ! Il ne me reste
Qu'à mourir maintenant ! C'est à cause des mots
Que je dis qu'elle tremble entre les bleus rameaux !
Car vous tremblez, comme une feuille entre les

[feuilles !

1475 Car tu trembles ! car j'ai senti, que tu le veuilles
Ou non, le tremblement adoré de ta main
Descendre tout le long des branches du jasmin !

Il baise éperdument l'extrémité d'une
branche pendante.

ROXANE

Oui, je tremble, et je pleure, et je t'aime, et suis

[tienne !

Et tu m'as enivrée !

CYRANO

Alors, que la mort vienne !
1480 Cette ivresse, c'est moi, moi, qui l'ai su causer !
Je ne demande plus qu'une chose…

CHRISTIAN, *sous le balcon.*

Un baiser !

ROXANE, *se rejetant en arrière.*

Hein ?

CYRANO

Oh !

ROXANE

Vous demandez ?

CYRANO

Oui… je…

À Christian, bas.

Tu vas trop vite.

CHRISTIAN

Puisqu'elle est si troublée, il faut que j'en profite !

CYRANO, *à Roxane.*

Oui, je… j'ai demandé, c'est vrai… mais justes
[cieux !
Je comprends que je fus bien trop audacieux.   1485

ROXANE, *un peu déçue.*

Vous n'insistez pas plus que cela ?

CYRANO

Si ! j'insiste…
Sans insister !… Oui, oui ! votre pudeur s'attriste !
Eh bien ! mais, ce baiser… ne me l'accordez pas !

CHRISTIAN, *à Cyrano, le tirant*
par son manteau.

Pourquoi ?

CYRANO

Tais-toi, Christian !

ROXANE, *se penchant.*

Que dites-vous tout bas ?

CYRANO

1490 Mais d'être allé trop loin, moi-même je me gronde ;
Je me disais : tais-toi, Christian !…

Les théorbes se mettent à jouer.

Une seconde !…

On vient !

*Roxane referme la fenêtre. Cyrano
écoute les théorbes, dont l'un joue un air
folâtre et l'autre un air lugubre.*

Air triste ? Air gai ?… Quel est donc leur dessein ?
Est-ce un homme ? Une femme ? — Ah ! c'est un
[capucin !

*Entre un capucin qui va de maison en
maison, une lanterne à la main, regardant les portes.*

SCÈNE VIII

CYRANO, CHRISTIAN, UN CAPUCIN

CYRANO, *au capucin.*

Quel est ce jeu renouvelé de Diogène?

LE CAPUCIN

Je cherche la maison de madame…   1495

CHRISTIAN

                              Il nous gêne!

LE CAPUCIN

Magdeleine Robin…

CHRISTIAN

                    Que veut-il?…

CYRANO, *lui montrant une rue montante.*

                              Par ici!
Tout droit, — toujours tout droit…

LE CAPUCIN

                    Je vais pour vous! — merci:
Dire mon chapelet jusqu'au grain majuscule.

                              Il sort.

CYRANO

Bonne chance ! Mes vœux suivent votre cuculle[1] !

Il redescend vers Christian.

SCÈNE IX

CYRANO, CHRISTIAN

CHRISTIAN

1500 Obtiens-moi ce baiser !...

CYRANO

Non !

CHRISTIAN

Tôt ou tard...

CYRANO

C'est vrai

Il viendra, ce moment de vertige enivré
Où vos bouches iront l'une vers l'autre, à cause
De ta moustache blonde et de sa lèvre rose !

À lui-même.

1. *Cuculle* : nom de la chape des moines.

J'aime mieux que ce soit à cause de…

    Bruit des volets qui se rouvrent, Christian se cache sous le balcon.

SCÈNE X

ROXANE, *s'avançant sur le balcon.*

                       C'est vous ?
Nous parlions de… de… d'un…   1505

CYRANO

              Baiser. Le mot est doux.
Je ne vois pas pourquoi votre lèvre ne l'ose ;
S'il la brûle déjà, que sera-ce la chose ?
Ne vous en faites pas un épouvantement :
N'avez-vous pas tantôt, presque insensiblement,
Quitté le badinage et glissé sans alarmes   1510
Du sourire au soupir, et du soupir aux larmes !
Glissez encore un peu d'insensible façon :
Des larmes au baiser il n'y a qu'un frisson !

ROXANE

Taisez-vous !

CYRANO

     Un baiser, mais à tout prendre, qu'est-ce ?
1515 Un serment fait d'un peu plus près, une promesse
Plus précise, un aveu qui veut se confirmer,
Un point rose qu'on met sur l'i du verbe aimer ;
C'est un secret qui prend la bouche pour oreille,
Un instant d'infini qui fait un bruit d'abeille,
1520 Une communion ayant un goût de fleur,
Une façon d'un peu se respirer le cœur,
Et d'un peu se goûter, au bord des lèvres, l'âme !

ROXANE

Taisez-vous !

CYRANO

     Un baiser, c'est si noble, Madame,
Que la reine de France, au plus heureux des lords,
1525 En a laissé prendre un, la reine même !

ROXANE

                            Alors !

CYRANO, *s'exaltant.*

J'eus comme Buckingham[1] des souffrances muettes,
J'adore comme lui la reine que vous êtes,
Comme lui je suis triste et fidèle…

---

1. Les amours du duc de Buckingham et d'Anne d'Autriche
sont, on le sait, l'un des moteurs des *Trois Mousquetaires*.

ROXANE

Et tu es
Beau comme lui !

CYRANO, *à part, dégrisé.*

C'est vrai, je suis beau, j'oubliais !

ROXANE

Eh bien ! montez cueillir cette fleur sans pareille… 1530

CYRANO, *poussant Christian*
vers le balcon.

Monte !

ROXANE

Ce goût de cœur…

CYRANO

Monte !

ROXANE

Ce bruit d'abeille…

CYRANO

Monte !

CHRISTIAN, *hésitant.*

Mais il me semble, à présent, que c'est mal !

ROXANE

Cet instant d'infini !…

CYRANO, *le poussant.*

Monte donc, animal !

Christian s'élance, et par le banc, le feuillage, les piliers, atteint les balustres qu'il enjambe.

CHRISTIAN

Ah ! Roxane !…

Il l'enlace et se penche sur ses lèvres.

CYRANO

Aïe ! au cœur, quel pincement bizarre !
1535 — Baiser, festin d'amour dont je suis le Lazare[1] !
Il me vient dans cette ombre une miette de toi, —
Mais oui, je sens un peu mon cœur qui te reçoit,
Puisque sur cette lèvre où Roxane se leurre
Elle baise les mots que j'ai dits tout à l'heure !

On entend les théorbes.

1540 Un air triste, un air gai : le capucin !

1. Selon l'*Évangile* de Luc (XVI, 21), Lazare se nourrissait des miettes tombant de la table du riche.

*Il feint de courir comme s'il arrivait de
loin, et d'une voix claire.*

Holà !

ROXANE

Qu'est-ce ?

CYRANO

Moi. Je passais… Christian est encor là ?

CHRISTIAN, *très étonné.*

Tiens, Cyrano !

ROXANE

Bonjour, cousin !

CYRANO

Bonjour, cousine !

ROXANE

Je descends !

*Elle disparaît dans la maison. Au fond
rentre le capucin.*

CHRISTIAN, *l'apercevant.*

Oh ! encor !

Il suit Roxane.

SCÈNE XI

CYRANO, CHRISTIAN, ROXANE,
LE CAPUCIN, RAGUENEAU

LE CAPUCIN

> C'est ici, — je m'obstine —

Magdeleine Robin !

CYRANO

> Vous aviez dit : Ro-*lin*.

LE CAPUCIN

1545 Non : *Bin*. B, i, n, *bin* !

ROXANE, *paraissant sur le seuil
de la maison, suivie de Ragueneau
qui porte une lanterne, et de Christian.*

> Qu'est-ce ?

LE CAPUCIN

> Une lettre.

CHRISTIAN

> Hein ?

LE CAPUCIN, *à Roxane.*

Oh ! il ne peut s'agir que d'une sainte chose !
C'est un digne seigneur qui…

ROXANE, *à Christian.*

C'est De Guiche !

CHRISTIAN

Il ose ?…

ROXANE

Oh ! mais il ne va pas m'importuner toujours !

Décachetant la lettre.

Je t'aime, et si…

> *À la lueur de la lanterne de Rague-*
> *neau, elle lit, à l'écart, à voix basse.*

« *Mademoiselle,*
          Les tambours
Battent ; mon régiment boucle sa soubreveste ;   1550
Il part ; moi, l'on me croit déjà parti : je reste.
Je vous désobéis. Je suis dans ce couvent.
Je vais venir, et vous le mande auparavant
Par un religieux simple comme une chèvre
Qui ne peut rien comprendre à ceci. Votre lèvre 1555
M'a trop souri tantôt : j'ai voulu la revoir.
Éloignez un chacun, et daignez recevoir
L'audacieux déjà pardonné, je l'espère,
Qui signe votre très… et cætera… »

Au capucin.

                                        Mon Père,
1560 Voici ce que me dit cette lettre. Écoutez.

            Tous se rapprochent, elle lit à haute
            voix.

« *Mademoiselle,*
                  Il faut souscrire aux volontés
Du cardinal, si dur que cela vous puisse être.
C'est là raison pourquoi j'ai fait choix, pour
                                        [*remettre*
Ces lignes en vos mains charmantes, d'un très saint,
1565 *D'un très intelligent et discret capucin ;*
Nous voulons qu'il vous donne, et dans votre
                                        [*demeure,*
La bénédiction

                        Elle tourne la page.

            nuptiale sur l'heure.
Christian doit en secret devenir votre époux ;
Je vous l'envoie. Il vous déplaît. Résignez-vous.
1570 *Songez bien que le ciel bénira votre zèle,*
Et tenez pour tout assuré, Mademoiselle,
Le respect de celui qui fut et qui sera
Toujours votre très humble et très… et cætera. »

            LE CAPUCIN, *rayonnant.*

Digne seigneur !… Je l'avais dit. J'étais sans
                                        [crainte !
1575 Il ne pouvait s'agir que d'une chose sainte !

ROXANE, *bas à Christian.*

N'est-ce pas que je lis très bien les lettres ?

CHRISTIAN

Hum !

ROXANE, *haut, avec désespoir.*

Ah !… c'est affreux !

LE CAPUCIN, *qui a dirigé sur Cyrano*
la clarté de sa lanterne.

C'est vous ?

CHRISTIAN

C'est moi !

LE CAPUCIN, *tournant la lumière vers lui,*
et, comme si un doute lui venait,
en voyant sa beauté.

Mais…

ROXANE, *vivement.*

Post-scriptum :

« *Donnez pour le couvent cent vingt pistoles.* »

LE CAPUCIN

Digne,

Digne seigneur !

À Roxane.

Résignez-vous !

ROXANE, *en martyre.*

Je me résigne !

*Pendant que Ragueneau ouvre la porte
au capucin que Christian invite à entrer,
elle dit bas à Cyrano :*

1580 Vous, retenez ici De Guiche ! Il va venir !
Qu'il n'entre pas tant que…

CYRANO

Compris !

Au capucin.

Pour les bénir

Il vous faut ?…

LE CAPUCIN

Un quart d'heure.

CYRANO, *les poussant
tous vers la maison.*

Allez ! moi, je demeure !

ROXANE, *à Christian.*

Viens !…

Ils entrent.

SCÈNE XII

CYRANO, *seul.*

CYRANO

Comment faire perdre à De Guiche un quart
[d'heure ?

> *Il se précipite sur le banc, grimpe au mur, vers le balcon.*

Là !… Grimpons !… J'ai mon plan !…   1585

> *Les théorbes se mettent à jouer une phrase lugubre.*

Ho ! c'est un homme !

> *Le trémolo devient sinistre.*

Ho ! Ho !

Cette fois, c'en est un !…

> *Il est sur le balcon, il rabaisse son feutre sur ses yeux, ôte son épée, se drape dans sa cape, puis se penche et regarde au dehors.*

Non, ce n'est pas trop haut !…

> *Il enjambe les balustres et attirant à lui la longue branche d'un des arbres qui*

débordent le mur du jardin, il s'y accroche
des deux mains, prêt à se laisser tomber.

Je vais légèrement troubler cette atmosphère !...

SCÈNE XIII

CYRANO, DE GUICHE

DE GUICHE, *qui entre, masqué,*
tâtonnant dans la nuit.

Qu'est-ce que ce maudit capucin peut bien faire ?

CYRANO

Diable ! et ma voix ?... S'il la reconnaissait ?

Lâchant d'une main, il a l'air de tour-
ner une invisible clef.

Cric ! crac !

Solennellement.

1590 Cyrano, reprenez l'accent de Bergerac !...

DE GUICHE, *regardant la maison.*

Oui, c'est là. J'y vois mal. Ce masque m'importune !

Il va pour entrer, Cyrano saute du bal-
con en se tenant à la branche, qui plie, et
le dépose entre la porte et De Guiche ; il

feint de tomber lourdement, comme si
c'était de très haut, et s'aplatit par terre,
où il reste immobile, comme étourdi. De
Guiche fait un bond en arrière.

Hein? quoi?

> *Quand il lève les yeux, la branche s'est*
> *redressée; il ne voit que le ciel; il ne*
> *comprend pas.*

D'où tombe donc cet homme?

CYRANO, *se mettant sur son séant,*
et avec l'accent de Gascogne.

De la lune!

DE GUICHE

De la?...

CYRANO

Quelle heure est-il?

DE GUICHE

N'a-t-il plus sa raison?

CYRANO

Quelle heure? Quel pays? Quel jour? Quelle
[saison?

DE GUICHE

Mais...

1595

CYRANO

Je suis étourdi !

DE GUICHE

Monsieur…

CYRANO

Comme une bombe

Je tombe de la lune !

DE GUICHE, *impatienté*.

Ah çà ! Monsieur !

CYRANO, *se relevant, d'une voix terrible*.

J'en tombe !

DE GUICHE, *reculant*.

Soit ! soit ! vous en tombez !… c'est peut-être un
[dément !

CYRANO, *marchant sur lui*.

Et je n'en tombe pas métaphoriquement !…

DE GUICHE

Maïs…

CYRANO

Il y a cent ans, ou bien une minute,
— J'ignore tout à fait ce que dura ma chute ! —   1600
J'étais dans cette boule à couleur de safran[1] !

DE GUICHE, *haussant les épaules.*

Oui. Laissez-moi passer !

CYRANO, *s'interposant.*

Où suis-je ? soyez franc !
Ne me déguisez rien ! En quel lieu, dans quel site,
Viens-je de choir, Monsieur, comme un aérolithe ?

DE GUICHE

Morbleu !...   1605

CYRANO

Tout en cheyant je n'ai pu faire choix
De mon point d'arrivée, — et j'ignore où je chois !
Est-ce dans une lune ou bien dans une terre,
Que vient de m'entraîner le poids de mon postère ?

DE GUICHE

Mais je vous dis, Monsieur...

1. Cette définition de la lune provient de *L'Autre Monde* :
« Les diverses pensées que nous donna la vue de cette boule
de safran nous défrayèrent sur le chemin » (*Libertins du
XVIIᵉ siècle*, Bibliothèque de la Pléiade, p. 903).

CYRANO, *avec un cri de terreur*
qui fait reculer de Guiche.

                    Ha ! grand Dieu !… je crois voir
1610 Qu'on a dans ce pays le visage tout noir !

DE GUICHE, *portant la main à son visage.*
Comment ?

CYRANO, *avec une peur emphatique.*
          Suis-je en Alger ? Êtes-vous indigène ?…

DE GUICHE, *qui a senti son masque.*
Ce masque !…

CYRANO, *feignant de se rassurer un peu.*
          Je suis donc dans Venise, ou dans Gêne ?

DE GUICHE, *voulant passer.*
Une dame m'attend !…

CYRANO, *complètement rassuré.*
                    Je suis donc à Paris.

DE GUICHE, *souriant malgré lui.*
Le drôle est assez drôle !

                    CYRANO
              Ah ! vous riez ?

DE GUICHE

Je ris,

Mais veux passer !

CYRANO, *rayonnant.*

C'est à Paris que je retombe !

Tout à fait à son aise, riant, s'épousse-
tant, saluant.

J'arrive — excusez-moi ! — par la dernière trombe.
Je suis un peu couvert d'éther. J'ai voyagé !
J'ai les yeux tout remplis de poudre d'astres. J'ai
Aux éperons, encor, quelques poils de planète !

Cueillant quelque chose sur sa manche.

Tenez, sur mon pourpoint, un cheveu de comète !…   1620

Il souffle comme pour le faire envoler.

DE GUICHE, *hors de lui.*

Monsieur !…

CYRANO, *au moment où il va passer,*
tend sa jambe comme pour y montrer
quelque chose et l'arrête.

Dans mon mollet je rapporte une dent
De la Grande Ourse, — et comme, en frôlant le
[Trident,
Je voulais éviter une de ses trois lances,

Je suis allé tomber assis dans les Balances, —
1625 Dont l'aiguille, à présent, là-haut, marque mon
[poids !

> *Empêchant vivement de Guiche de pas-*
> *ser et le prenant à un bouton du pourpoint.*

Si vous serriez mon nez, Monsieur, entre vos doigts,
Il jaillirait du lait !

DE GUICHE

Hein ? du lait ?…

CYRANO

De la Voie
Lactée !…

DE GUICHE

Oh ! par l'enfer !

CYRANO

C'est le ciel qui m'envoie !

Se croisant les bras.

Non ! Croiriez-vous, je viens de le voir en tombant,
1630 Que Sirius, la nuit, s'affuble d'un turban ?

Confidentiel.

L'autre Ourse est trop petite encor pour qu'elle
[morde.

Riant.

J'ai traversé la Lyre en cassant une corde !

Superbe.

Mais je compte en un livre écrire tout ceci,
Et les étoiles d'or qu'en mon manteau roussi
Je viens de rapporter à mes périls et risques,   1635
Quand on l'imprimera, serviront d'astérisques !

DE GUICHE

À la parfin, je veux…

CYRANO

Vous, je vous vois venir !

DE GUICHE

Monsieur !

CYRANO

Vous voudriez de ma bouche tenir
Comment la lune est faite, et si quelqu'un habite
Dans la rotondité de cette cucurbite ?   1640

DE GUICHE, *criant.*

Mais non ! Je veux…

CYRANO

Savoir comment j'y suis monté ?
Ce fut par un moyen que j'avais inventé.

DE GUICHE, *découragé.*

C'est un fou !

CYRANO, *dédaigneux.*

Je n'ai pas refait l'aigle stupide
De Regiomontanus, ni le pigeon timide
1645 D'Archytas[1] !…

DE GUICHE

C'est un fou, — mais c'est un fou savant.

CYRANO

Non, je n'imitai rien de ce qu'on fit avant !

*De Guiche a réussi à passer et il
marche vers la porte de Roxane. Cyrano
le suit, prêt à l'empoigner.*

J'inventai six moyens de violer l'azur vierge !

DE GUICHE, *se retournant.*

Six ?

---

1. Regiomontanus, astronome allemand du XVᵉ siècle (de
son vrai nom Johann Müller), inventa un aigle de fer volant.
　　Archytas de Tarente était un savant, ami de Platon, créateur
d'un pigeon de bois qui pouvait voler.

CYRANO, *avec volubilité.*

Je pouvais, mettant mon corps nu comme un cierge,
Le caparaçonner de fioles de cristal[1]
Toutes pleines des pleurs d'un ciel matutinal,   1650
Et ma personne, alors, au soleil exposée,
L'astre l'aurait humée en humant la rosée !

DE GUICHE, *surpris et faisant un pas
vers Cyrano.*

Tiens ! Oui, cela fait un !

CYRANO, *reculant pour l'entraîner
de l'autre côté.*

                              Et je pouvais encor
Faire engouffrer du vent, pour prendre mon essor,
En raréfiant l'air dans un coffre de cèdre   1655
Par des miroirs ardents, mis en icosaèdre[2] !

DE GUICHE, *fait encore un pas.*

Deux !

CYRANO, *reculant toujours.*

          Ou bien, machiniste autant qu'artificier,
Sur une sauterelle aux détentes d'acier,

---

1. Procédé emprunté à *L'Autre Monde* : voir la notice, p. 433.
2. Également emprunté à *L'Autre Monde*, mais cette fois
aux *Empires du soleil* : voir la notice, p. 433-434.

Me faire, par des feux successifs de salpêtre[1],
1660 Lancer dans les prés bleus où les astres vont paître !

          DE GUICHE, *le suivant, sans s'en douter,*
                et comptant sur ses doigts.

Trois !

              CYRANO

  Puisque la fumée a tendance à monter,
En souffler dans un globe assez pour m'emporter !

          DE GUICHE, *même jeu,*
            de plus en plus étonné.

Quatre !

              CYRANO

  Puisque Phœbé, quand son arc est le moindre,
Aime sucer, ô bœufs, votre moelle… m'en oindre[2] !

          DE GUICHE, *stupéfait.*

1665 Cinq !

---

1. L'idée vient toujours de Cyrano ; des soldats mettent le
feu à l'une de ses machines : voir la notice, p. 434.
2. Dans *L'Autre Monde*, Cyrano met ce moyen en pratique
malgré lui : voir la notice, p. 435.

CYRANO, *qui en parlant l'a amené*
jusqu'à l'autre côté de la place
près d'un banc.

Enfin, me plaçant sur un plateau de fer,
Prendre un morceau d'aimant et le lancer en l'air !
Ça, c'est un bon moyen : le fer se précipite,
Aussitôt que l'aimant s'envole, à sa poursuite ;
On relance l'aimant bien vite, et cadédis !
On peut monter ainsi indéfiniment.   1670

DE GUICHE

Six !
— Mais voilà six moyens excellents !… Quel
[système
Choisîtes-vous des six, Monsieur ?

CYRANO

Un septième !

DE GUICHE

Par exemple ! Et lequel ?

CYRANO

Je vous le donne en cent !…

DE GUICHE

C'est que ce mâtin-là devient intéressant !

CYRANO, *faisant le bruit des vagues*
avec de grands gestes mystérieux.

1675 Houüh ! houüh !

DE GUICHE

Eh bien !

CYRANO

Vous devinez ?

DE GUICHE

Non !

CYRANO

La marée !...
À l'heure où l'onde par la lune est attirée,
Je me mis sur le sable — après un bain de mer —
Et la tête partant la première, mon cher,
— Car les cheveux, surtout, gardent l'eau dans leur
[frange ! —
1680 Je m'enlevai dans l'air, droit, tout droit, comme un
[ange.
Je montais, je montais doucement, sans efforts,
Quand je sentis un choc !... Alors...

DE GUICHE, *entraîné par la curiosité*
et s'asseyant sur le banc.

Alors ?

CYRANO

Alors…

Reprenant sa voix naturelle.

Le quart d'heure est passé, Monsieur, je vous
[délivre :
Le mariage est fait.

DE GUICHE, *se relevant d'un bond.*

Çà, voyons, je suis ivre !…
Cette voix ?   1685

> *La porte de la maison s'ouvre, des
> laquais paraissent portant des candé-
> labres allumés. Lumière. Cyrano ôte son
> chapeau au bord abaissé.*

Et ce nez !… Cyrano ?

CYRANO, *saluant.*

Cyrano.
— Ils viennent à l'instant d'échanger leur anneau.

DE GUICHE

Qui cela ?

> *Il se retourne. — Tableau. Derrière les
> laquais, Roxane et Christian se tiennent
> par la main. Le capucin les suit en sou-
> riant. Ragueneau élève aussi un flambeau.*

La duègne ferme la marche, ahurie, en petit saut de lit.

Ciel !

SCÈNE XIV

LES MÊMES, ROXANE, CHRISTIAN,
LE CAPUCIN, RAGUENEAU, LAQUAIS,
LA DUÈGNE

DE GUICHE, *à Roxane.*

Vous !

Reconnaissant Christian avec stupeur.

Lui ?

Saluant Roxane avec admiration.

Vous êtes des plus fines !

À Cyrano.

Mes compliments, Monsieur l'inventeur de
[machines :
Votre récit eût fait s'arrêter au portail
1690 Du paradis, un saint ! Notez-en le détail,
Car vraiment cela peut resservir dans un livre !

CYRANO, *s'inclinant.*

Monsieur, c'est un conseil que je m'engage à suivre.

LE CAPUCIN, *montrant les amants*
à De Guiche et hochant avec satisfaction
sa grande barbe blanche.

Un beau couple, mon fils, réuni là par vous !

DE GUICHE, *le regardant d'un œil glacé.*

Oui.

　　　　　　　　　　　À Roxane.

Veuillez dire adieu, Madame, à votre époux.

ROXANE

Comment ?　　　　　　　　　　　　　　　　1695

DE GUICHE, *à Christian.*

Le régiment déjà se met en route.
Joignez-le !

ROXANE

Pour aller à la guerre ?

DE GUICHE

　　　　　　　　　　　　Sans doute !

ROXANE

Mais, Monsieur, les cadets n'y vont pas !

DE GUICHE

Ils iront.

*Tirant le papier qu'il avait mis dans sa
poche.*

Voici l'ordre.

À Christian.

Courez le porter, vous, baron.

ROXANE, *se jetant dans les bras
de Christian.*

Christian !

DE GUICHE, *ricanant, à Cyrano.*

La nuit de noce est encore lointaine !

CYRANO, *à part.*

1700 Dire qu'il croit me faire énormément de peine !

CHRISTIAN, *à Roxane.*

Oh ! tes lèvres encor !

CYRANO

Allons, voyons, assez !

CHRISTIAN, *continuant
à embrasser Roxane.*

C'est dur de la quitter… Tu ne sais pas…

CYRANO, *cherchant à l'entraîner.*

Je sais.

On entend au loin des tambours qui battent une marche.

DE GUICHE, *qui est remonté au fond.*

Le régiment qui part !

ROXANE, *à Cyrano,*
en retenant Christian
qu'il essaye toujours d'entraîner.

Oh !... je vous le confie !
Promettez-moi que rien ne va mettre sa vie
En danger !   1705

CYRANO

J'essaierai... mais ne peux cependant
Promettre...

ROXANE, *même jeu.*

Promettez qu'il sera très prudent !

CYRANO

Oui, je tâcherai, mais...

ROXANE, *même jeu.*

Qu'à ce siège terrible
Il n'aura jamais froid !

CYRANO

Je ferai mon possible.

Mais…

ROXANE, *même jeu.*

Qu'il sera fidèle !

CYRANO

Eh oui ! sans doute, mais…

ROXANE, *même jeu.*

1710 Qu'il m'écrira souvent !

CYRANO, *s'arrêtant.*

Ça, — je vous le promets !

RIDEAU

QUATRIÈME ACTE

LES CADETS DE GASCOGNE

Le poste qu'occupe la compagnie de Carbon de Castel-Jaloux au siège d'Arras[1].

Au fond, talus traversant toute la scène. Au-delà s'aperçoit un horizon de plaine : le pays couvert de travaux de siège. Les murs d'Arras et la silhouette de ses toits sur le ciel, très loin.

Tentes ; armes éparses ; tambours, etc. — Le jour va se lever. Jaune Orient. — Sentinelles espacées. Feux.

Roulés dans leurs manteaux, les Cadets de Gascogne dorment. Carbon de Castel-Jaloux et Le Bret veillent. Ils sont très pâles et très maigris. Christian dort, parmi les autres, dans sa cape, au premier plan, le visage éclairé par un feu. Silence.

---

1. Le siège d'Arras occupé par les Espagnols fut, en 1640, extrêmement long. Il était mené par les maréchaux de La Meilleraye, de Châtillon et de Brézé.

SCÈNE PREMIÈRE

CHRISTIAN, CARBON DE CASTEL-JALOUX,
LE BRET, LES CADETS, *puis* CYRANO.

LE BRET

C'est affreux !

CARBON

Oui. Plus rien.

LE BRET

Mordious !

CARBON, *lui faisant signe de parler
plus bas.*

Jure en sourdine !
Tu vas les réveiller.

Aux cadets.

Chut ! Dormez !

À Le Bret.

Qui dort dîne !

LE BRET

Quand on a l'insomnie on trouve que c'est peu !
Quelle famine !

> *On entend au loin quelques coups de
> feu.*

CARBON

Ah ! maugrébis des coups de feu !…
Ils vont me réveiller mes enfants !   1715

> *Aux cadets qui lèvent la tête.*

Dormez !

> *On se recouche. Nouveaux coups de
> feu plus rapprochés.*

UN CADET, *s'agitant.*

Diantre !

Encore ?

CARBON

Ce n'est rien ! C'est Cyrano qui rentre !

> *Les têtes qui s'étaient relevées se
> recouchent.*

UNE SENTINELLE, *au dehors.*

Ventrebieu ! qui va là ?

LA VOIX DE CYRANO

Bergerac !

LA SENTINELLE, *qui est sur le talus.*

Ventrebieu !

Qui va là ?

CYRANO, *paraissant sur la crête.*

Bergerac, imbécile !

*Il descend. Le Bret va au-devant de lui,
inquiet.*

LE BRET

Ah ! grand Dieu !

CYRANO, *lui faisant signe
de ne réveiller personne.*

Chut !

LE BRET

Blessé ?

CYRANO

Tu sais bien qu'ils ont pris l'habitude
1720 De me manquer tous les matins !

LE BRET

C'est un peu rude,
Pour porter une lettre, à chaque jour levant,
De risquer !

CYRANO, *s'arrêtant devant Christian.*

J'ai promis qu'il écrirait souvent !

Il le regarde.

Il dort. Il est pâli. Si la pauvre petite
Savait qu'il meurt de faim… Mais toujours beau !

LE BRET

Va vite
Dormir !   1725

CYRANO

Ne grogne pas, Le Bret !… Sache ceci :
Pour traverser les rangs espagnols, j'ai choisi
Un endroit où je sais, chaque nuit, qu'ils sont ivres.

LE BRET

Tu devrais bien un jour nous rapporter des vivres.

CYRANO

Il faut être léger pour passer ! — Mais je sais
Qu'il y aura ce soir du nouveau. Les Français   1730
Mangeront ou mourront, — si j'ai bien vu…

LE BRET

Raconte !

CYRANO

Non. Je ne suis pas sûr... vous verrez !...

CARBON

Quelle honte,
Lorsqu'on est assiégeant, d'être affamé !

LE BRET

Hélas !
Rien de plus compliqué que ce siège d'Arras :
1735 Nous assiégeons Arras, — nous-mêmes, pris au
[piège,
Le cardinal infant d'Espagne nous assiège...

CYRANO

Quelqu'un devrait venir l'assiéger à son tour.

LE BRET

Je ne ris pas.

CYRANO

Oh ! oh !

LE BRET

Penser que chaque jour
Vous risquez une vie, ingrat, comme la vôtre,
Pour porter…   1740

Le voyant qui se dirige vers une tente.

Où vas-tu ?

CYRANO

J'en vais écrire une autre.

Il soulève la toile et disparaît.

SCÈNE II

LES MÊMES, *moins* CYRANO.

Le jour s'est un peu levé. Lueurs roses. La ville d'Arras se dore à l'horizon. On entend un coup de canon immédiatement suivi d'une batterie de tambours, très au loin, vers la gauche. D'autres tambours battent plus près. Les batteries vont se répondant, et se rapprochant, éclatent presque en scène et s'éloignent vers la droite, parcourant le camp. Rumeurs de réveil. Voix lointaines d'officiers.

CARBON, *avec un soupir.*

La diane !… Hélas !

> *Les cadets s'agitent dans leurs man-*
> *teaux, s'étirent.*

Sommeil succulent, tu prends fin !…
Je sais trop quel sera leur premier cri !

UN CADET, *se mettant sur son séant.*

J'ai faim !

UN AUTRE

Je meurs !

TOUS

Oh !

CARBON

Levez-vous !

TROISIÈME CADET

Plus un pas !

QUATRIÈME CADET

Plus un geste !

LE PREMIER, *se regardant*
dans un morceau de cuirasse.

Ma langue est jaune : l'air du temps est indigeste !

UN AUTRE

Mon tortil de baron pour un peu de Chester ! 1745

UN AUTRE

Moi, si l'on ne veut pas fournir à mon gaster
De quoi m'élaborer une pinte de chyle,
Je me retire sous ma tente, — comme Achille !

UN AUTRE

Oui, du pain !

CARBON, *allant à la tente*
où est entré Cyrano, à mi-voix.

Cyrano !

D'AUTRES

Nous mourons !

CARBON, *toujours à mi-voix,*
à la porte de la tente.

Au secours !
Toi qui sais si gaiement leur répliquer toujours, 1750
Viens les ragaillardir !

DEUXIÈME CADET, *se précipitant*
vers le premier qui mâchonne
quelque chose.

Qu'est-ce que tu grignotes ?

LE PREMIER

De l'étoupe à canon que dans les bourguignotes
On fait frire en la graisse à graisser les moyeux.
Les environs d'Arras sont très peu giboyeux !

UN AUTRE, *entrant.*

1755 Moi, je viens de chasser !

UN AUTRE, *même jeu.*

J'ai pêché, dans la Scarpe !

TOUS, *debout, se ruant
sur les deux nouveaux venus.*

Quoi ? — Que rapportez-vous ? — Un faisan ? —
[Une carpe ? —
Vite, vite, montrez !

LE PÊCHEUR

Un goujon !

LE CHASSEUR

Un moineau !

TOUS, *exaspérés.*

Assez ! — Révoltons-nous !

CARBON

Au secours, Cyrano !

Il fait maintenant tout à fait jour.

SCÈNE III

LES MÊMES, CYRANO

CYRANO, *sortant de sa tente, tranquille,*
une plume à l'oreille, un livre à la main.

Hein ?

> *Silence. Au premier cadet.*

Pourquoi t'en vas-tu, toi, de ce pas qui traîne ?

LE CADET

J'ai quelque chose, dans les talons, qui me gêne !...   1760

CYRANO

Et quoi donc ?

LE CADET

L'estomac !

CYRANO

Moi de même, pardi !

LE CADET

Cela doit te gêner ?

CYRANO

Non, cela me grandit.

DEUXIÈME CADET

J'ai les dents longues !

CYRANO

Tu n'en mordras que plus large.

UN TROISIÈME

Mon ventre sonne creux !

CYRANO

Nous y battrons la charge.

UN AUTRE

1765 Dans les oreilles, moi, j'ai des bourdonnements.

CYRANO

Non, non ; ventre affamé, pas d'oreilles : tu mens !

UN AUTRE

Oh ! manger quelque chose, — à l'huile !

CYRANO, *le décoiffant et lui mettant son casque dans la main.*

Ta salade[1].

1. La *salade* « en termes de guerre, est un léger habillement de tête que portent les chevau-légers, qui diffère du casque en ce qu'il n'a point de crête, & n'est presque qu'un simple pot » (Furetière).

UN AUTRE

Qu'est-ce qu'on pourrait bien dévorer?

CYRANO, *lui jetant le livre qu'il tient
à la main.*

L'*Iliade*.

UN AUTRE

Le ministre, à Paris, fait ses quatre repas!

CYRANO

Il devrait t'envoyer du perdreau?   1770

LE MÊME

Pourquoi pas?

Et du vin!

CYRANO

Richelieu, du Bourgogne, *if you please?*

LE MÊME

Par quelque capucin!

CYRANO

L'éminence qui grise?

UN AUTRE

J'ai des faims d'ogre!

CYRANO

Eh ! bien !... tu croques le marmot !

LE PREMIER CADET, *haussant les épaules.*

Toujours le mot, la pointe !

CYRANO

Oui, la pointe, le mot !
1775 Et je voudrais mourir, un soir, sous un ciel rose,
En faisant un bon mot, pour une belle cause !
— Oh ! frappé par la seule arme noble qui soit,
Et par un ennemi qu'on sait digne de soi,
Sur un gazon de gloire et loin d'un lit de fièvres,
1780 Tomber la pointe au cœur en même temps qu'aux
[lèvres !

CRIS DE TOUS

J'ai faim !

CYRANO, *se croisant les bras.*

Ah çà ! mais vous ne pensez qu'à manger ?...
— Approche, Bertrandou le fifre, ancien berger ;
Du double étui de cuir tire l'un de tes fifres,
Souffle, et joue à ce tas de goinfres et de piffres
1785 Ces vieux airs du pays, au doux rythme obsesseur,
Dont chaque note est comme une petite sœur,
Dans lesquels restent pris des sons de voix aimées,
Ces airs dont la lenteur est celle des fumées

Que le hameau natal exhale de ses toits,
Ces airs dont la musique a l'air d'être en patois !... 1790

> *Le vieux s'assied et prépare son fifre.*

Que la flûte, aujourd'hui, guerrière qui s'afflige,
Se souvienne un moment, pendant que sur sa tige
Tes doigts semblent danser un menuet d'oiseau,
Qu'avant d'être d'ébène, elle fut de roseau ;
Que sa chanson l'étonne, et qu'elle y reconnaisse 1795
L'âme de sa rustique et paisible jeunesse !...

> *Le vieux commence à jouer des airs languedociens.*

Écoutez, les Gascons... Ce n'est plus, sous ses
 [doigts,
Le fifre aigu des camps, c'est la flûte des bois !
Ce n'est plus le sifflet du combat, sous ses lèvres,
C'est le lent galoubet de nos meneurs de chèvres !... 1800
Écoutez... C'est le val, la lande, la forêt,
Le petit pâtre brun sous son rouge béret,
C'est la verte douceur des soirs sur la Dordogne,
Écoutez, les Gascons : c'est toute la Gascogne !

> *Toutes les têtes se sont inclinées ; —
> tous les yeux rêvent ; — et des larmes sont
> furtivement essuyées, avec un revers de
> manche, un coin de manteau.*

CARBON, *à Cyrano, bas.*

Mais tu les fais pleurer ! 1805

CYRANO

De nostalgie !... Un mal
Plus noble que la faim !... pas physique : moral !
J'aime que leur souffrance ait changé de viscère,
Et que ce soit leur cœur, maintenant, qui se serre !

CARBON

Tu vas les affaiblir en les attendrissant !

CYRANO, *qui a fait signe*
au tambour d'approcher.

1810 Laisse donc ! Les héros qu'ils portent dans leur sang
Sont vite réveillés ! Il suffit...

Il fait un geste. Le tambour roule.

TOUS, *se levant et se précipitant*
sur leurs armes.

Hein ?... Quoi ?... Qu'est-ce ?

CYRANO, *souriant.*

Tu vois, il a suffi d'un roulement de caisse !
Adieu rêves, regrets, vieille province, amour...
Ce qui du fifre vient s'en va par le tambour !

UN CADET, *qui regarde au fond.*

1815 Ah ! Ah ! Voici monsieur de Guiche !

TOUS LES CADETS, *murmurant*.

Hou…

CYRANO, *souriant*.

Murmure

Flatteur !

UN CADET

Il nous ennuie !

UN AUTRE

Avec, sur son armure,
Son grand col de dentelle, il vient faire le fier !

UN AUTRE

Comme si l'on portait du linge sur du fer !

LE PREMIER

C'est bon lorsque à son cou l'on a quelque furoncle !

LE DEUXIÈME

Encore un courtisan !   1820

UN AUTRE

Le neveu de son oncle !

CARBON

C'est un Gascon pourtant !

LE PREMIER

Un faux !… Méfiez-vous !
Parce que, les Gascons… ils doivent être fous :
Rien de plus dangereux qu'un Gascon raisonnable.

LE BRET

Il est pâle !

UN AUTRE

Il a faim… autant qu'un pauvre diable !
1825   Mais comme sa cuirasse a des clous de vermeil,
Sa crampe d'estomac étincelle au soleil !

CYRANO, *vivement.*

N'ayons pas l'air non plus de souffrir ! Vous, vos
[cartes,
Vos pipes et vos dés…

> *Tous rapidement se mettent à jouer sur*
> *des tambours, sur des escabeaux et par*
> *terre, sur leurs manteaux, et ils allument*
> *de longues pipes de pétun.*

Et moi, je lis Descartes.

> *Il se promène de long en large et lit*
> *dans un petit livre qu'il a tiré de sa poche.*
> *— Tableau. — De Guiche entre. Tout le*
> *monde a l'air absorbé et content. Il est*
> *très pâle. Il va vers Carbon.*

SCÈNE IV

LES MÊMES, DE GUICHE

DE GUICHE, *à Carbon*.

Ah ! — Bonjour !

> *Ils s'observent tous les deux. À part,
> avec satisfaction.*

> Il est vert.

CARBON, *de même*.

> Il n'a plus que les yeux.

DE GUICHE, *regardant les cadets*.

Voici donc les mauvaises têtes ?… Oui, messieurs, 1830
Il me revient de tous côtés qu'on me brocarde
Chez vous, que les cadets, noblesse montagnarde,
Hobereaux béarnais, barons périgourdins,
N'ont pour leur colonel pas assez de dédains,
M'appellent intrigant, courtisan, — qu'il les gêne 1835
De voir sur ma cuirasse un col en point de Gêne, —
Et qu'ils ne cessent pas de s'indigner entre eux
Qu'on puisse être Gascon et ne pas être gueux !

> *Silence. On joue. On fume.*

Vous ferai-je punir par votre capitaine ?
Non.   1840

CARBON

D'ailleurs, je suis libre et n'inflige de peine…

DE GUICHE

Ah?

CARBON

J'ai payé ma compagnie, elle est à moi.
Je n'obéis qu'aux ordres de guerre.

DE GUICHE

Ah?… Ma foi!
Cela suffit.

S'adressant aux cadets.

Je peux mépriser vos bravades.
On connaît ma façon d'aller aux mousquetades;
1845 Hier, à Bapaume, on vit la furie avec quoi
J'ai fait lâcher le pied au comte de Bucquoi;
Ramenant sur ses gens les miens en avalanche,
J'ai chargé par trois fois!

CYRANO, *sans lever le nez de son livre.*

Et votre écharpe blanche?

DE GUICHE, *surpris et satisfait.*

Vous savez ce détail?… En effet, il advint,
1850 Durant que je faisais ma caracole afin

De rassembler mes gens pour la troisième charge,
Qu'un remous de fuyards m'entraîna sur la marge
Des ennemis ; j'étais en danger qu'on me prît
Et qu'on m'arquebusât, quand j'eus le bon esprit
De dénouer et de laisser couler à terre   1855
L'écharpe qui disait mon grade militaire ;
En sorte que je pus, sans attirer les yeux,
Quitter les Espagnols, et revenant sur eux,
Suivi de tous les miens réconfortés, les battre !
— Eh bien ! que dites-vous de ce trait ?   1860

> *Les cadets n'ont pas l'air d'écouter ;*
> *mais ici les cartes et les cornets à dés res-*
> *tent en l'air, la fumée des pipes demeure*
> *dans les joues : attente.*

CYRANO

                    Qu'Henri quatre
N'eût jamais consenti, le nombre l'accablant,
À se diminuer de son panache blanc.

> *Joie silencieuse. Les cartes s'abattent.*
> *Les dés tombent. La fumée s'échappe.*

DE GUICHE

L'adresse a réussi, cependant !

> *Même attente suspendant les jeux et les*
> *pipes.*

CYRANO

C'est possible.
Mais on n'abdique pas l'honneur d'être une cible.

*Cartes, dés, fumées, s'abattent, tombent,
s'envolent avec une satisfaction croissante.*

1865 Si j'eusse été présent quand l'écharpe coula
— Nos courages, monsieur, diffèrent en cela —
Je l'aurais ramassée et me la serais mise.

DE GUICHE

Oui, vantardise, encor, de Gascon !

CYRANO

Vantardise ?...
Prêtez-la-moi. Je m'offre à monter, dès ce soir,
1870 À l'assaut, le premier, avec elle en sautoir.

DE GUICHE

Offre encor de Gascon ! Vous savez que l'écharpe
Resta chez l'ennemi, sur les bords de la Scarpe,
En un lieu que depuis la mitraille cribla, —
Où nul ne peut aller la chercher !

CYRANO, *tirant de sa poche
l'écharpe blanche et la lui tendant.*

La voilà.

> *Silence. Les cadets étouffent leurs rires*
> *dans les cartes et dans les cornets à dés.*
> *De Guiche se retourne, les regarde :*
> *immédiatement ils reprennent leur gravité,*
> *leurs jeux ; l'un d'eux sifflote avec indiffé-*
> *rence l'air montagnard joué par le fifre.*

DE GUICHE, *prenant l'écharpe.*

Merci. Je vais, avec ce bout d'étoffe claire,   1875
Pouvoir faire un signal, — que j'hésitais à faire.

> *Il va au talus, y grimpe, et agite plu-*
> *sieurs fois l'écharpe en l'air.*

TOUS

Hein !

LA SENTINELLE, *en haut du talus.*

Cet homme, là-bas, qui se sauve en courant !…

DE GUICHE, *redescendant.*

C'est un faux espion espagnol. Il nous rend
De grands services. Les renseignements qu'il porte
Aux ennemis sont ceux que je lui donne, en sorte   1880
Que l'on peut influer sur leurs décisions.

CYRANO

C'est un gredin !

DE GUICHE, *se nouant nonchalamment*
son écharpe.

        C'est très commode. Nous disions?...
— Ah!... J'allais vous apprendre un fait. Cette
                     [nuit même,
Pour nous ravitailler tentant un coup suprême,
1885 Le maréchal s'en fut vers Dourlens, sans tambours ;
Les vivandiers du Roi sont là ; par les labours
Il les joindra ; mais pour revenir sans encombre,
Il a pris avec lui des troupes en tel nombre
Que l'on aurait beau jeu, certes, en nous attaquant :
1890 La moitié de l'armée est absente du camp !

CARBON

Oui, si les Espagnols savaient, ce serait grave.
Mais ils ne savent pas ce départ ?

DE GUICHE

                   Ils le savent.
Ils vont nous attaquer.

CARBON

        Ah !

DE GUICHE

              Mon faux espion
M'est venu prévenir de leur agression.
1895 Il ajouta : « J'en peux déterminer la place ;

Sur quel point voulez-vous que l'attaque se fasse ?
Je dirai que de tous c'est le moins défendu,
Et l'effort portera sur lui. » — J'ai répondu :
« C'est bon. Sortez du camp. Suivez des yeux la
                                                        [ligne :
Ce sera sur le point d'où je vous ferai signe. »   1900

CARBON, *aux cadets.*

Messieurs, préparez-vous !

> *Tous se lèvent. Bruit d'épées et de
> ceinturons qu'on boucle.*

DE GUICHE

C'est dans une heure.

PREMIER CADET

Ah !... bien !...

> *Ils se rasseyent tous. On reprend la
> partie interrompue.*

DE GUICHE, *à Carbon.*

Il faut gagner du temps. Le maréchal revient.

CARBON

Et pour gagner du temps ?

DE GUICHE

Vous aurez l'obligeance
De vous faire tuer.

CYRANO

Ah ! voilà la vengeance ?

DE GUICHE

1905 Je ne prétendrai pas que si je vous aimais
Je vous eusse choisis vous et les vôtres, mais,
Comme à votre bravoure on n'en compare aucune,
C'est mon Roi que je sers en servant ma rancune.

CYRANO, *saluant.*

Souffrez que je vous sois, monsieur, reconnaissant.

DE GUICHE, *saluant.*

1910 Je sais que vous aimez vous battre un contre cent.
Vous ne vous plaindrez pas de manquer de besogne.

Il remonte, avec Carbon.

CYRANO, *aux cadets.*

Eh bien donc ! nous allons au blason de Gascogne,
Qui porte six chevrons, messieurs, d'azur et d'or,
Joindre un chevron de sang qui lui manquait encor !

*De Guiche cause bas avec Carbon de
Castel-Jaloux, au fond. On donne des
ordres. La résistance se prépare. Cyrano
va vers Christian qui est resté immobile,
les bras croisés.*

CYRANO, *lui mettant la main
sur l'épaule.*

Christian ?   1915

CHRISTIAN, *secouant la tête.*

Roxane !

CYRANO

Hélas !

CHRISTIAN

Au moins, je voudrais mettre
Tout l'adieu de mon cœur dans une belle lettre !...

CYRANO

Je me doutais que ce serait pour aujourd'hui.

Il tire un billet de son pourpoint.

Et j'ai fait tes adieux.

CHRISTIAN

Montre !...

CYRANO

Tu veux ?...

CHRISTIAN, *lui prenant la lettre.*

Mais oui !

> *Il l'ouvre, lit et s'arrête.*

Tiens !...

CYRANO

Quoi ?

CHRISTIAN

Ce petit rond ?...

CYRANO, *reprenant la lettre vivement,*
et regardant d'un air naïf.

Un rond ?...

CHRISTIAN

C'est une larme !

CYRANO

1920 Oui... Poète, on se prend à son jeu, c'est le
[charme !...
Tu comprends... ce billet, — c'était très émouvant :
Je me suis fait pleurer moi-même en l'écrivant.

CHRISTIAN

Pleurer ?...

CYRANO

Oui... parce que... mourir n'est pas terrible.
Mais... ne plus la revoir, jamais... voilà l'horrible !
1925 Car enfin je ne la...

> *Christian le regarde.*

nous ne la…

Vivement.

tu ne la…

CHRISTIAN, *lui arrachant la lettre.*

Donne-moi ce billet !

On entend une rumeur, au loin, dans le camp.

LA VOIX D'UNE SENTINELLE

Ventrebieu, qui va là ?

Coups de feu. Bruits de voix. Grelots.

CARBON

Qu'est-ce ?…

LA SENTINELLE, *qui est sur le talus.*

Un carrosse !

On se précipite pour voir.

CRIS

Quoi ! Dans le camp ? — Il y entre ! — Il a l'air de venir de chez l'ennemi ! — Diantre ! Tirez ! — Non ! Le cocher a crié ! — Crié quoi ? — Il a crié : Service du Roi !

1930

Tout le monde est sur le talus et regarde au dehors. Les grelots se rapprochent.

DE GUICHE

Hein ? Du Roi !...

On redescend, on s'aligne.

CARBON

Chapeau bas, tous !

DE GUICHE, *à la cantonade.*

Du Roi ! — Rangez-vous, vile tourbe,
Pour qu'il puisse décrire avec pompe sa courbe !

*Le carrosse entre au grand trot. Il est
couvert de boue et de poussière. Les
rideaux sont tirés. Deux laquais derrière.
Il s'arrête net.*

CARBON, *criant.*

Battez aux champs !

*Roulement de tambours. Tous les
cadets se découvrent.*

DE GUICHE

Baissez le marchepied !

*Deux hommes se précipitent. La por-
tière s'ouvre.*

ROXANE, *sautant du carrosse.*

Bonjour !

Le son d'une voix de femme relève d'un seul coup tout ce monde profondément incliné. — Stupeur.

SCÈNE V

LES MÊMES, ROXANE

DE GUICHE

Service du Roi ! Vous ?

ROXANE

Mais du seul roi, l'Amour !

CYRANO

Ah ! grand Dieu !   1935

CHRISTIAN, *s'élançant.*

Vous ! Pourquoi ?

ROXANE

C'était trop long, ce siège !

CHRISTIAN

Pourquoi ?...

ROXANE

Je te dirai !

CYRANO, _qui, au son de sa voix,_
est resté cloué immobile,
sans oser tourner les yeux vers elle.

Dieu ! La regarderai-je ?

DE GUICHE

Vous ne pouvez rester ici !

ROXANE, _gaiement._

Mais si ! mais si !
Voulez-vous m'avancer un tambour ?...

Elle s'assied sur un tambour qu'on
avance.

Là, merci !

Elle rit.

On a tiré sur mon carrosse !

Fièrement.

Une patrouille !
1940 — Il a l'air d'être fait avec une citrouille,

N'est-ce pas ? comme dans le conte, et les laquais
Avec des rats.

> *Envoyant des lèvres un baiser à Chris-*
> *tian.*

Bonjour !

> *Les regardant tous.*

Vous n'avez pas l'air gais !
— Savez-vous que c'est loin, Arras ?

> *Apercevant Cyrano.*

Cousin, charmée !

CYRANO, *s'avançant.*

Ah çà ! comment ?...

ROXANE

Comment j'ai retrouvé l'armée ?
Oh ! mon Dieu, mon ami, mais c'est tout simple : j'ai 1945
Marché tant que j'ai vu le pays ravagé.
Ah ! ces horreurs, il a fallu que je les visse
Pour y croire ! Messieurs, si c'est là le service
De votre Roi, le mien vaut mieux !

CYRANO

Voyons, c'est fou !
Par où diable avez-vous bien pu passer ? 1950

ROXANE

Par où ?

Par chez les Espagnols.

PREMIER CADET

Ah ! qu'Elles sont malignes !

DE GUICHE

Comment avez-vous fait pour traverser leurs lignes ?

LE BRET

Cela dut être très difficile !...

ROXANE

Pas trop.

J'ai simplement passé dans mon carrosse, au trot.
1955 Si quelque hidalgo montrait sa mine altière,
Je mettais mon plus beau sourire à la portière,
Et ces messieurs étant, n'en déplaise aux Français,
Les plus galantes gens du monde, — je passais !

CARBON

Oui, c'est un passeport, certes, que ce sourire !
1960 Mais on a fréquemment dû vous sommer de dire
Où vous alliez ainsi, madame ?

ROXANE

Fréquemment.

Alors je répondais : « Je vais voir mon amant. »

— Aussitôt l'Espagnol à l'air le plus féroce
Refermait gravement la porte du carrosse,
D'un geste de la main à faire envie au Roi   1965
Relevait les mousquets déjà braqués sur moi,
Et superbe de grâce, à la fois, et de morgue,
L'ergot tendu sous la dentelle en tuyau d'orgue,
Le feutre au vent pour que la plume palpitât,
S'inclinait en disant : « Passez, señorita ! »   1970

CHRISTIAN

Mais, Roxane…

ROXANE

J'ai dit : mon amant, oui∴ pardonne !
Tu comprends, si j'avais dit : mon mari, personne
Ne m'eût laissé passer !

CHRISTIAN

Mais…

ROXANE

Qu'avez-vous ?

DE GUICHE

Il faut

Vous en aller d'ici !

ROXANE

Moi ?

CYRANO

Bien vite !

LE BRET

Au plus tôt !

CHRISTIAN

1975　Oui !

ROXANE

Mais comment ?

CHRISTIAN, *embarrassé.*

C'est que…

CYRANO, *de même.*

Dans trois quarts d'heure…

DE GUICHE, *de même.*

… ou quatre…

CARBON, *de même.*

Il vaut mieux…

LE BRET, *de même.*

Vous pourriez…

ROXANE

Je reste. On va se battre.

TOUS

Oh ! non !

ROXANE

C'est mon mari !

Elle se jette dans les bras de Christian.

Qu'on me tue avec toi !

CHRISTIAN

Mais quels yeux vous avez !

ROXANE

Je te dirai pourquoi !

DE GUICHE, *désespéré.*

C'est un poste terrible !

ROXANE, *se retournant.*

Hein ! terrible ?

CYRANO

Et la preuve

C'est qu'il nous l'a donné !   1980

ROXANE, *à De Guiche.*

Ah ! vous me vouliez veuve ?

DE GUICHE

Oh ! je vous jure !...

ROXANE

Non ! Je suis folle à présent !
Et je ne m'en vais plus !... D'ailleurs, c'est amusant.

CYRANO

Eh quoi ! la précieuse était une héroïne ?

ROXANE

Monsieur de Bergerac, je suis votre cousine.

UN CADET

1985 Nous vous défendrons bien !

ROXANE, *enfiévrée de plus en plus.*

Je le crois, mes amis !

UN AUTRE, *avec enivrement.*

Tout le camp sent l'iris !

ROXANE

Et j'ai justement mis
Un chapeau qui fera très bien dans la bataille !...

Regardant De Guiche.

Mais peut-être est-il temps que le comte s'en aille :
On pourrait commencer.

DE GUICHE

Ah ! c'en est trop ! Je vais
Inspecter mes canons, et reviens… Vous avez   1990
Le temps encor : changez d'avis !

ROXANE

Jamais !

De Guiche sort.

SCÈNE VI

LES MÊMES, *moins* DE GUICHE.

CHRISTIAN, *suppliant.*

Roxane !…

ROXANE

Non !

PREMIER CADET, *aux autres.*

Elle reste !

TOUS, *se précipitant, se bousculant,
s'astiquant.*

Un peigne ! — Un savon ! — Ma basane
Est trouée : une aiguille ! — Un ruban ! — Ton
[miroir ! —

Mes manchettes ! — Ton fer à moustache ! — Un
[rasoir !

ROXANE, *à Cyrano qui la supplie encore.*

1995 Non ! rien ne me fera bouger de cette place !

CARBON, *après s'être, comme les autres,*
sanglé, épousseté, avoir brossé
son chapeau, redressé sa plume
et tiré ses manchettes, s'avance
vers Roxane, et cérémonieusement.

Peut-être siérait-il que je vous présentasse,
Puisqu'il en est ainsi, quelques de ces messieurs
Qui vont avoir l'honneur de mourir sous vos yeux.

Roxane s'incline et elle attend, debout
au bras de Christian. Carbon présente :

Baron de Peyrescous de Colignac !

LE CADET, *saluant.*

Madame...

CARBON, *continuant.*

2000 Baron de Casterac de Cahuzac. — Vidame
De Malgouyre Estressac Lésbas d'Escariabot. —
Chevalier d'Antignac-Juzet. — Baron Hillot
De Blagnac-Saléchan de Castel-Crabioules...

ROXANE

Mais combien avez-vous de noms, chacun ?

LE BARON HILLOT

Des foules !

CARBON, *à Roxane.*

Ouvrez la main qui tient votre mouchoir.   ₂₀₀₅

ROXANE, *ouvre la main*
et le mouchoir tombe.

Pourquoi ?

Toute la compagnie fait le mouvement
de s'élancer pour le ramasser.

CARBON, *le ramassant vivement.*

Ma compagnie était sans drapeau ! Mais ma foi,
C'est le plus beau du camp qui flottera sur elle !

ROXANE, *souriant.*

Il est un peu petit.

CARBON, *attachant le mouchoir*
à la hampe de sa lance de capitaine.

Mais il est en dentelle !

UN CADET, *aux autres.*

Je mourrais sans regret ayant vu ce minois,
Si j'avais seulement dans le ventre une noix !...   ₂₀₁₀

CARBON, *qui l'a entendu, indigné.*

Fi ! parler de manger lorsqu'une exquise femme !…

ROXANE

Mais l'air du camp est vif et, moi-même, m'affame :
Pâtés, chauds-froids, vins fins : — mon menu, le
[voilà !
— Voulez-vous m'apporter tout cela !

Consternation.

UN CADET

Tout cela !

UN AUTRE

2015 Où le prendrions-nous, grand Dieu ?

ROXANE, *tranquillement.*

Dans mon carrosse.

TOUS

Hein ?…

ROXANE

Mais il faut qu'on serve et découpe, et désosse !
Regardez mon cocher d'un peu plus près, messieurs,
Et vous reconnaîtrez un homme précieux :
Chaque sauce sera, si l'on veut, réchauffée !

LES CADETS, *se ruant vers le carrosse.*

C'est Ragueneau !   2020

Acclamations.

Oh ! Oh !

ROXANE, *les suivant des yeux.*

Pauvres gens !

CYRANO, *lui baisant la main.*

Bonne fée !

RAGUENEAU, *debout sur le siège
comme un charlatan en place publique.*

Messieurs !…

Enthousiasme.

LES CADETS

Bravo ! Bravo !

RAGUENEAU

Les Espagnols n'ont pas,
Quand passaient tant d'appas, vu passer le repas !

Applaudissements.

CYRANO, *bas à Christian.*

Hum ! hum ! Christian !

RAGUENEAU

Distraits par la galanterie
Ils n'ont pas vu...

Il tire de son siège un plat qu'il élève.

la galantine !...

*Applaudissements. La galantine passe
de mains en mains.*

CYRANO, *bas à Christian.*

Je t'en prie,
2025 Un seul mot !...

RAGUENEAU

Et Vénus sut occuper leur œil
Pour que Diane en secret, pût passer...

Il brandit un gigot.

son chevreuil !

*Enthousiasme. Le gigot est saisi par
vingt mains tendues.*

CYRANO, *bas à Christian.*

Je voudrais te parler !

ROXANE, *aux cadets qui redescendent,*
les bras chargés de victuailles.

Posez cela par terre !

Elle met le couvert sur l'herbe, aidée
des deux laquais imperturbables qui
étaient derrière le carrosse.

ROXANE, *à Christian, au moment*
où Cyrano allait l'entraîner à part.

Vous, rendez-vous utile !

Christian vient l'aider. Mouvement
d'inquiétude de Cyrano.

RAGUENEAU

Un paon truffé !

PREMIER CADET, *épanoui, qui descend*
en coupant une large tranche de jambon.

Tonnerre !
Nous n'aurons pas couru notre dernier hasard
Sans faire un gueuleton…   2030

Se reprenant vivement en voyant
Roxane.

pardon ! un balthazar !

RAGUENEAU, *lançant les coussins*
du carrosse.

Les coussins sont remplis d'ortolans !

> *Tumulte. On éventre les coussins. Rires.*
> *Joie.*

TROISIÈME CADET

Ah ! Viédaze !

RAGUENEAU, *lançant des flacons*
de vin rouge.

Des flacons de rubis !…

De vin blanc.

Des flacons de topaze !

ROXANE, *jetant une nappe pliée*
à la figure de Cyrano.

Défaites cette nappe !… Eh ! hop ! Soyez léger !

RAGUENEAU, *brandissant une lanterne*
arrachée.

Chaque lanterne est un petit garde-manger !

CYRANO, *bas à Christian, pendant*
qu'ils arrangent la nappe ensemble.

2035 Il faut que je te parle avant que tu lui parles !

RAGUENEAU, *de plus en plus lyrique.*

Le manche de mon fouet est un saucisson d'Arles !

ROXANE, *versant du vin, servant.*

Puisqu'on nous fait tuer, morbleu ! nous nous
                                        [moquons
Du reste de l'armée ! — Oui ! tout pour les
                                        [Gascons ! —
Et si De Guiche vient, personne ne l'invite !

                    Allant de l'un à l'autre.

Là, vous avez le temps. — Ne mangez pas si vite ! — 2040
Buvez un peu. — Pourquoi pleurez-vous ?

PREMIER CADET

                              C'est trop bon !

ROXANE

Chut ! — Rouge ou blanc ? — Du pain pour
                              [monsieur de Carbon !
— Un couteau ! — Votre assiette ! — Un peu de
                              [croûte ? — Encore ?
— Je vous sers ! — Du bourgogne ? — Une aile ?

CYRANO, *qui la suit, les bras chargés
de plats, l'aidant à servir.*

                              Je l'adore !

ROXANE, *allant vers Christian.*

2045 Vous ?

CHRISTIAN

Rien.

ROXANE

Si ! ce biscuit, dans du muscat… deux doigts !

CHRISTIAN, *essayant de la retenir.*

Oh ! dites-moi pourquoi vous vîntes ?

ROXANE

Je me dois
À ces malheureux… Chut ! Tout à l'heure !…

LE BRET, *qui était remonté au fond,*
pour passer, au bout d'une lance,
un pain à la sentinelle du talus.

De Guiche !

CYRANO

Vite, cachez flacon, plat, terrine, bourriche !
Hop ! — N'ayons l'air de rien !…

À Ragueneau.

Toi, remonte d'un bon
2050 Sur ton siège ! — Tout est caché ?…

*En un clin d'œil tout a été repoussé
dans les tentes, ou caché sous les vête-
ments, sous les manteaux, dans les feutres.
— De Guiche entre vivement, — et s'arrête, tout d'un coup, reniflant. — Silence.*

SCÈNE VII

LES MÊMES, DE GUICHE

DE GUICHE

Cela sent bon.

UN CADET, *chantonnant
d'un air détaché.*

To lo lo!...

DE GUICHE, *s'arrêtant et le regardant.*

Qu'avez-vous, vous?... Vous êtes tout rouge!

LE CADET

Moi?... Mais rien. C'est le sang. On va se battre :
[il bouge!

UN AUTRE

Poum... poum... poum...

DE GUICHE, *se retournant.*

Qu'est cela ?

LE CADET, *légèrement gris.*

Rien ! C'est une chanson !
Une petite…

DE GUICHE

Vous êtes gai, mon garçon !

LE CADET

2055 L'approche du danger !

DE GUICHE, *appelant Carbon*
de Castel-Jaloux, pour donner un ordre.

Capitaine ! je…

Il s'arrête en le voyant.

Peste !
Vous avez bonne mine aussi !

CARBON, *cramoisi, et cachant*
une bouteille derrière son dos,
avec un geste évasif.

Oh !…

DE GUICHE

Il me reste
Un canon que j'ai fait porter…

Il montre un endroit dans la coulisse.

là, dans ce coin,
Et vos hommes pourront s'en servir au besoin.

UN CADET, *se dandinant.*

Charmante attention !

UN AUTRE, *lui souriant gracieusement.*

Douce sollicitude !

DE GUICHE

Ah çà ! mais ils sont fous ! —   2060

Sèchement.

N'ayant pas l'habitude
Du canon, prenez garde au recul.

LE PREMIER CADET

Ah ! pfftt !

DE GUICHE, *allant à lui, furieux.*

Mais !...

LE CADET

Le canon des Gascons ne recule jamais !

DE GUICHE, *le prenant par le bras
et le secouant.*

Vous êtes gris !... De quoi ?

LE CADET, *superbe.*

De l'odeur de la poudre !

DE GUICHE, *haussant les épaules,*
le repousse et va vivement à Roxane.

Vite, à quoi daignez-vous, madame, vous résoudre ?

ROXANE

2065 Je reste !

DE GUICHE

Fuyez !

ROXANE

Non !

DE GUICHE

Puisqu'il en est ainsi,
Qu'on me donne un mousquet !

CARBON

Comment ?

DE GUICHE

Je reste aussi.

CYRANO

Enfin, Monsieur ! voilà de la bravoure pure !

PREMIER CADET

Seriez-vous un Gascon malgré votre guipure ?

ROXANE

Quoi !…

DE GUICHE

Je ne quitte pas une femme en danger.

DEUXIÈME CADET, *au premier.*

Dis donc ! Je crois qu'on peut lui donner à manger ! 2070

Toutes les victuailles reparaissent comme par enchantement.

DE GUICHE, *dont les yeux s'allument.*

Des vivres !

UN TROISIÈME CADET

Il en sort de sous toutes les vestes !

DE GUICHE, *se maîtrisant, avec hauteur.*

Est-ce que vous croyez que je mange vos restes ?

CYRANO, *saluant.*

Vous faites des progrès !

DE GUICHE, *fièrement,*
et à qui échappe sur le dernier mot
une légère pointe d'accent.

Je vais me battre à jeun !

PREMIER CADET, *exultant de joie.*

À *jeung* ! Il vient d'avoir l'accent !

DE GUICHE, *riant.*

Moi !

LE CADET

C'en est un !

Ils se mettent tous à danser.

CARBON DE CASTEL-JALOUX,
qui a disparu depuis un moment derrière
le talus, reparaissant sur la crête.

2075 J'ai rangé mes piquiers, leur troupe est résolue !

Il montre une ligne de piques qui
dépasse la crête.

DE GUICHE, *à Roxane, en s'inclinant.*

Acceptez-vous ma main pour passer leur revue ?…

Elle la prend, ils remontent vers le talus.
Tout le monde se découvre et les suit.

CHRISTIAN, *allant à Cyrano, vivement.*

Parle vite !

> *Au moment où Roxane paraît sur la crête, les lances disparaissent, abaissées pour le salut, un cri s'élève : elle s'incline.*

LES PIQUIERS, *au dehors.*

Vivat !

CHRISTIAN

Quel était ce secret ?…

CYRANO

Dans le cas où Roxane…

CHRISTIAN

Eh bien ?

CYRANO

Te parlerait

Des lettres ?…

CHRISTIAN

Oui, je sais !…

CYRANO

Ne fais pas la sottise

De t'étonner…   2080

CHRISTIAN

De quoi ?

CYRANO

       Il faut que je te dise !…
Oh ! mon Dieu, c'est tout simple, et j'y pense
                        [aujourd'hui
En la voyant. Tu lui…

CHRISTIAN

    Parle vite !

CYRANO

          Tu lui…
As écrit plus souvent que tu ne crois.

CHRISTIAN

        Hein ?

CYRANO

            Dame !
Je m'en étais chargé : j'interprétais ta flamme !
2085 J'écrivais quelquefois sans te dire : j'écris !

CHRISTIAN

Ah ?

CYRANO

   C'est tout simple !

CHRISTIAN

          Mais comment t'y es-tu pris,
Depuis qu'on est bloqué pour?…

CYRANO

          Oh!… avant l'aurore
Je pouvais traverser…

CHRISTIAN, *se croisant les bras.*

          Ah! c'est tout simple encore?
Et qu'ai-je écrit de fois par semaine?… Deux? —
                    [Trois? —
Quatre? —   2090

CYRANO

Plus.

CHRISTIAN

Tous les jours?

CYRANO

          Oui, tous les jours. — Deux fois.

CHRISTIAN, *violemment.*

Et cela t'enivrait, et l'ivresse était telle
Que tu bravais la mort…

CYRANO, *voyant Roxane qui revient.*

          Tais-toi! Pas devant elle!

Il rentre vivement dans sa tente.

SCÈNE VIII

ROXANE, CHRISTIAN ; *au fond, allées*
et venues de CADETS. CARBON
et DE GUICHE *donnent des ordres.*

ROXANE, *courant à Christian.*

Et maintenant, Christian !…

CHRISTIAN, *lui prenant les mains.*

        Et maintenant, dis-moi
Pourquoi, par ces chemins effroyables, pourquoi
2095 À travers tous ces rangs de soudards et de reîtres,
Tu m'as rejoint ici ?

ROXANE

C'est à cause des lettres !

CHRISTIAN

Tu dis ?

ROXANE

      Tant pis pour vous si je cours ces dangers !
Ce sont vos lettres qui m'ont grisée ! Ah ! songez
Combien depuis un mois vous m'en avez écrites,
2100 Et plus belles toujours !

CHRISTIAN

    Quoi ! pour quelques petites
Lettres d'amour…

ROXANE

    Tais-toi ! Tu ne peux pas savoir !
Mon Dieu, je t'adorais, c'est vrai, depuis qu'un soir,
D'une voix que je t'ignorais, sous ma fenêtre,
Ton âme commença de se faire connaître…
Eh bien ! tes lettres, c'est, vois-tu, depuis un mois, 2105
Comme si tout le temps je l'entendais, ta voix
De ce soir-là, si tendre, et qui vous enveloppe !
Tant pis pour toi, j'accours. La sage Pénélope
Ne fût pas demeurée à broder sous son toit,
Si le seigneur Ulysse eût écrit comme toi,   2110
Mais pour le joindre, elle eût, aussi folle qu'Hélène,
Envoyé promener ses pelotons de laine !…

CHRISTIAN

Mais…

ROXANE

  Je lisais, je relisais, je défaillais,
J'étais à toi. Chacun de ces petits feuillets
Était comme un pétale envolé de ton âme.   2115
On sent à chaque mot de ces lettres de flamme
L'amour puissant, sincère…

CHRISTIAN

                    Ah ! sincère et puissant ?
Cela se sent, Roxane ?…

ROXANE

                    Oh ! si cela se sent !

CHRISTIAN

Et vous venez ?…

ROXANE

                    Je viens (ô mon Christian, mon maître !
2120 Vous me relèveriez si je voulais me mettre
À vos genoux, c'est donc mon âme que j'y mets,
Et vous ne pourrez plus la relever jamais !)
Je viens te demander pardon (et c'est bien l'heure
De demander pardon, puisqu'il se peut qu'on
                                        [meure !)
2125 De t'avoir fait d'abord, dans ma frivolité,
L'insulte de t'aimer pour ta seule beauté !

CHRISTIAN, *avec épouvante.*

Ah ! Roxane !

ROXANE

                    Et plus tard, mon ami, moins frivole,
— Oiseau qui saute avant tout à fait qu'il s'envole, —
Ta beauté m'arrêtant, ton âme m'entraînant,
2130 Je t'aimais pour les deux ensemble !…

CHRISTIAN

Et maintenant ?

ROXANE

Eh bien ! toi-même enfin l'emporte sur toi-même,
Et ce n'est plus que pour ton âme que je t'aime !

CHRISTIAN, *reculant.*

Ah ! Roxane !

ROXANE

Sois donc heureux. Car n'être aimé
Que pour ce dont on est un instant costumé,
Doit mettre un cœur avide et noble à la torture ;   2135
Mais ta chère pensée efface ta figure,
Et la beauté par quoi tout d'abord tu me plus,
Maintenant j'y vois mieux... et je ne la vois plus !

CHRISTIAN

Oh !...

ROXANE

Tu doutes encor d'une telle victoire ?...

CHRISTIAN, *douloureusement.*

Roxane !   2140

ROXANE

Je comprends, tu ne peux pas y croire,
À cet amour ?…

CHRISTIAN

Je ne veux pas de cet amour !
Moi, je veux être aimé plus simplement pour…

ROXANE

Pour
Ce qu'en vous elles ont aimé jusqu'à cette heure ?
Laissez-vous donc aimer d'une façon meilleure !

CHRISTIAN

2145 Non ! c'était mieux avant !

ROXANE

Ah ! tu n'y entends rien !
C'est maintenant que j'aime mieux, que j'aime
[bien !
C'est ce qui te fait toi, tu m'entends, que j'adore,
Et moins brillant…

CHRISTIAN

Tais-toi !

ROXANE

Je t'aimerais encore !
Si toute ta beauté tout d'un coup s'envolait…

CHRISTIAN

Oh ! ne dis pas cela ! 2150

ROXANE

Si ! je le dis !

CHRISTIAN

Quoi ? laid ?

ROXANE

Laid ! je le jure !

CHRISTIAN

Dieu !

ROXANE

Et ta joie est profonde ?

CHRISTIAN, *d'une voix étouffée.*

Oui...

ROXANE

Qu'as-tu ?

CHRISTIAN, *la repoussant doucement.*

Rien. Deux mots à dire : une seconde...

ROXANE

Mais ?...

CHRISTIAN, *lui montrant un groupe*
de cadets, au fond.

À ces pauvres gens mon amour t'enleva :
Va leur sourire un peu puisqu'ils vont mourir… va !

ROXANE, *attendrie.*

2155 Cher Christian !…

Elle remonte vers les Gascons qui s'em-
pressent respectueusement autour d'elle.

SCÈNE IX

CHRISTIAN, CYRANO ;
au fond ROXANE *causant avec* CARBON
et quelques CADETS.

CHRISTIAN, *appelant vers la tente*
de Cyrano.

Cyrano ?

CYRANO, *reparaissant,*
armé pour la bataille.

Qu'est-ce ? Te voilà blême !

CHRISTIAN

Elle ne m'aime plus !

CYRANO

Comment ?

CHRISTIAN

C'est toi qu'elle aime !

CYRANO

Non !

CHRISTIAN

Elle n'aime plus que mon âme !

CYRANO

Non !

CHRISTIAN

Si !
C'est donc bien toi qu'elle aime, — et tu l'aimes
[aussi !

CYRANO

Moi ?

CHRISTIAN

Je le sais.

CYRANO

C'est vrai.

CHRISTIAN

Comme un fou.

CYRANO

Davantage.

CHRISTIAN

2160 Dis-le-lui !

CYRANO

Non !

CHRISTIAN

Pourquoi ?

CYRANO

Regarde mon visage !

CHRISTIAN

Elle m'aimerait laid !

CYRANO

Elle te l'a dit !

CHRISTIAN

Là !

CYRANO

Ah ! je suis bien content qu'elle t'ait dit cela !
Mais va, va, ne crois pas cette chose insensée !

— Mon Dieu, je suis content qu'elle ait eu la pensée
De la dire, — mais va, ne la prends pas au mot,   2165
Va, ne deviens pas laid : elle m'en voudrait trop !

CHRISTIAN

C'est ce que je veux voir !

CYRANO

Non, non !

CHRISTIAN

Qu'elle choisisse !
Tu vas lui dire tout !

CYRANO

Non, non ! Pas ce supplice.

CHRISTIAN

Je tuerais ton bonheur parce que je suis beau ?
C'est trop injuste !   2170

CYRANO

Et moi, je mettrais au tombeau
Le tien parce que, grâce au hasard qui fait naître,
J'ai le don d'exprimer... ce que tu sens peut-être ?

CHRISTIAN

Dis-lui tout !

CYRANO

Il s'obstine à me tenter, c'est mal !

CHRISTIAN

Je suis las de porter en moi-même un rival !

CYRANO

2175 Christian !

CHRISTIAN

Notre union — sans témoins — clandestine,
— Peut se rompre, — si nous survivons !

CYRANO

Il s'obstine !…

CHRISTIAN

Oui, je veux être aimé moi-même, ou pas du tout !
— Je vais voir ce qu'on fait, tiens ! Je vais jusqu'au
                                               [bout
Du poste ; je reviens : parle, et qu'elle préfère
2180 L'un de nous deux !

CYRANO

Ce sera toi !

CHRISTIAN

Mais… je l'espère !

> *Il appelle.*

Roxane !

CYRANO

Non ! Non !

ROXANE, *accourant.*

Quoi ?

CHRISTIAN

Cyrano vous dira
Une chose importante…

> *Elle va vivement à Cyrano. Christian sort.*

SCÈNE X

ROXANE, CYRANO, *puis* LE BRET,
CARBON DE CASTEL-JALOUX,
LES CADETS, RAGUENEAU,
DE GUICHE, *etc.*

ROXANE

Importante ?

CYRANO, *éperdu.*

Il s'en va !…

À Roxane.

Rien !… Il attache, — oh ! Dieu ! vous devez le
                    [connaître ! —
De l'importance à rien !

ROXANE, *vivement.*

               Il a douté peut-être
2185 De ce que j'ai dit là ?… J'ai vu qu'il a douté !…

CYRANO, *lui prenant la main.*

Mais avez-vous bien dit, d'ailleurs, la vérité ?

ROXANE

Oui, oui, je l'aimerais même…

               Elle hésite une seconde.

CYRANO, *souriant tristement.*

               Le mot vous gêne
Devant moi ?

ROXANE

      Mais…

CYRANO

           Il ne me fera pas de peine !
— Même laid ?

ROXANE

Même laid !

Mousqueterie au dehors.

Ah ! tiens, on a tiré !

CYRANO, *ardemment.*

Affreux ?

2190

ROXANE

Affreux !

CYRANO

Défiguré ?

ROXANE

Défiguré !

CYRANO

Grotesque ?

ROXANE

Rien ne peut me le rendre grotesque !

CYRANO

Vous l'aimeriez encore ?

ROXANE

Et davantage presque !

CYRANO, *perdant la tête, à part.*

Mon Dieu, c'est vrai, peut-être, et le bonheur est là.

À Roxane.

Je... Roxane... écoutez !...

LE BRET, *entrant rapidement appelle*
à mi-voix.

Cyrano !

CYRANO, *se retournant.*

Hein ?

LE BRET

Chut !

Il lui dit un mot tout bas.

CYRANO, *laissant échapper la main*
de Roxane, avec un cri.

Ah !...

ROXANE

2195 Qu'avez-vous ?

CYRANO, *à lui-même, avec stupeur.*

C'est fini.

Détonations nouvelles.

ROXANE

Quoi ? Qu'est-ce encore ? On tire ?

Elle remonte pour regarder au dehors.

CYRANO

C'est fini, jamais plus je ne pourrai le dire !

ROXANE, *voulant s'élancer.*

Que se passe-t-il ?

CYRANO, *vivement, l'arrêtant.*

Rien !

*Des cadets sont entrés, cachant quelque
chose qu'ils portent, et ils forment un
groupe empêchant Roxane d'approcher.*

ROXANE

Ces hommes ?

CYRANO, *l'éloignant.*

Laissez-les !...

ROXANE

Mais qu'alliez-vous me dire avant ?...

CYRANO

Ce que j'allais
Vous dire ?... rien, oh ! rien, je le jure, madame !

Solennellement.

2200 Je jure que l'esprit de Christian, que son âme
Étaient…

Se reprenant avec terreur.

sont les plus grands…

ROXANE

Étaient ?

Avec un grand cri.

Ah !…

Elle se précipite et écarte tout le monde.

CYRANO

C'est fini !

ROXANE, *voyant Christian couché
dans son manteau.*

Christian !

LE BRET, *à Cyrano.*

Le premier coup de feu de l'ennemi !

Roxane se jette sur le corps de Christian. Nouveaux coups de feu. Cliquetis. Rumeurs. Tambours.

CARBON DE CASTEL-JALOUX,
l'épée au poing.

C'est l'attaque ! Aux mousquets !

Suivi des cadets, il passe de l'autre côté du talus.

ROXANE

Christian !

LA VOIX DE CARBON, *derrière le talus.*

Qu'on se dépêche !

ROXANE

Christian !

CARBON

Alignez-vous !

ROXANE

Christian !

CARBON

Mesurez... mèche !

Ragueneau est accouru, apportant de l'eau dans un casque.

CHRISTIAN, *d'une voix mourante.*

Roxane !...

2205

CYRANO, *vite et bas à l'oreille
de Christian, pendant que Roxane affolée
trempe dans l'eau, pour le panser,
un morceau de linge arraché à sa poitrine.*

J'ai tout dit. C'est toi qu'elle aime encor !

Christian ferme les yeux.

ROXANE

Quoi, mon amour ?

CARBON

Baguette haute !

ROXANE, *à Cyrano.*

Il n'est pas mort ?...

CARBON

Ouvrez la charge avec les dents[1] *!*

ROXANE

Je sens sa joue
Devenir froide, là, contre la mienne !

CARBON

En joue !

1. Il s'agit de déchirer avec les dents l'enveloppe en papier
de la cartouche.

ROXANE

Une lettre sur lui !

Elle l'ouvre.

Pour moi !

CYRANO, *à part.*

Ma lettre !

CARBON

Feu !

Mousqueterie. Cris. Bruit de bataille.

CYRANO, *voulant dégager sa main*
que tient Roxane agenouillée.

Mais, Roxane, on se bat !   2210

ROXANE, *le retenant.*

Restez encore un peu.
Il est mort. Vous étiez le seul à le connaître.

Elle pleure doucement.

— N'est-ce pas que c'était un être exquis, un être
Merveilleux ?

CYRANO, *debout, tête nue.*

Oui, Roxane.

ROXANE

Un poète inouï,

Adorable ?

CYRANO

Oui, Roxane.

ROXANE

Un esprit sublime ?

CYRANO

Oui,

2215 Roxane !

ROXANE

Un cœur profond, inconnu du profane,
Une âme magnifique et charmante ?

CYRANO, *fermement.*

Oui, Roxane !

ROXANE, *se jetant sur le corps
de Christian.*

Il est mort !

CYRANO, *à part, tirant l'épée.*

Et je n'ai qu'à mourir aujourd'hui,
Puisque, sans le savoir, elle me pleure en lui !

Trompettes au loin.

DE GUICHE, *qui reparaît sur le talus,*
décoiffé, blessé au front,
d'une voix tonnante.

C'est le signal promis ! Des fanfares de cuivres !
Les Français vont rentrer au camp avec des vivres ! 2220
Tenez encore un peu !

ROXANE

Sur sa lettre, du sang,
Des pleurs !

UNE VOIX, *au dehors, criant.*

Rendez-vous !

VOIX DES CADETS

Non !

RAGUENEAU, *qui, grimpé*
sur son carrosse, regarde la bataille
par-dessus le talus.

Le péril va croissant !

CYRANO, *à de Guiche,*
lui montrant Roxane.

Emportez-la ! Je vais charger !

ROXANE, *baisant la lettre,*
d'une voix mourante.

Son sang ! ses larmes !…

RAGUENEAU, *sautant à bas du carrosse,*
pour courir vers elle.

Elle s'évanouit !

DE GUICHE, *sur le talus, aux cadets,*
avec rage.

Tenez bon !

UNE VOIX, *au dehors.*

Bas les armes !

VOIX DES CADETS

2225 Non !

CYRANO, *à de Guiche.*

Vous avez prouvé, Monsieur, votre valeur :

Lui montrant Roxane.

Fuyez en la sauvant !

DE GUICHE, *qui court à Roxane*
et l'enlève dans ses bras.

Soit ! Mais on est vainqueur
Si vous gagnez du temps !

CYRANO

C'est bon !

Criant vers Roxane que de Guiche,
aidé de Ragueneau, emporte évanouie.

Adieu, Roxane !

Tumulte. Cris. Des cadets reparaissent blessés et viennent tomber en scène. Cyrano se précipitant au combat est arrêté sur la crête par Carbon de Castel-Jaloux, couvert de sang.

CARBON

Nous plions ! J'ai reçu deux coups de pertuisane !

CYRANO, *criant aux Gascons.*

Hardi ! Reculès pas, drollos !

À Carbon, qu'il soutient.

N'ayez pas peur !
J'ai deux morts à venger : Christian et mon bonheur !   2230

Ils redescendent. Cyrano brandit la lance où est attaché le mouchoir de Roxane.

Flotte, petit drapeau de dentelle à son chiffre !

Il la plante en terre ; il crie aux cadets.

Toumbé dèssus ! Escrasas lous !

Au fifre.

Un air de fifre !

Le fifre joue. Des blessés se relèvent.
Des cadets dégringolant le talus, viennent
se grouper autour de Cyrano et du petit
drapeau. Le carrosse se couvre et se rem-
plit d'hommes, se hérisse d'arquebuses,
se transforme en redoute.

UN CADET, *paraissant, à reculons,*
sur la crête, se battant toujours, crie :

Ils montent le talus !

et tombe mort.

CYRANO

On va les saluer !

Le talus se couronne en un instant
d'une rangée terrible d'ennemis. Les
grands étendards des Impériaux se lèvent.

CYRANO

Feu !

Décharge générale.

CRI, *dans les rangs ennemis.*

Feu !

Riposte meurtrière. Les cadets tombent
de tous côtés.

UN OFFICIER ESPAGNOL, *se découvrant.*

Quels sont ces gens qui se font tous tuer ?

CYRANO, *récitant debout au milieu*
des balles.

Ce sont les cadets de Gascogne   2235
De Carbon de Castel-Jaloux ;
Bretteurs et menteurs sans vergogne…

Il s'élance, suivi de quelques survivants.

Ce sont les cadets…

Le reste se perd dans la bataille.

RIDEAU

CINQUIÈME ACTE

LA GAZETTE DE CYRANO

Quinze ans après, en 1655. Le parc du couvent que les Dames de la Croix occupaient à Paris[1].

Superbes ombrages. À gauche, la maison ; vaste perron sur lequel ouvrent plusieurs portes. Un arbre énorme au milieu de la scène, isolé au milieu d'une petite place ovale. À droite, premier plan, parmi de grands buis, un banc de pierre demi-circulaire.

Tout le fond du théâtre est traversé par une allée de marronniers qui aboutit à droite, quatrième plan, à la porte d'une chapelle entrevue parmi les branches. À travers le double rideau d'arbres de cette allée, on aperçoit des fuites de

---

1. Le couvent des Dames de la Croix, fondé en 1637 par Mère Marguerite de Jésus, était une filiale des bénédictines de Saint-Thomas installée rue de Charonne. Son jardin, dont Rostand fait jouer le charme automnal, était réputé spacieux et agréable. Les religieuses furent expulsées en 1904 et le couvent démoli en 1906.

pelouses, d'autres allées, des bosquets, les profon-
deurs du parc, le ciel.

 La chapelle ouvre une porte latérale sur une
colonnade enguirlandée de vigne rougie, qui vient se
perdre à droite, au premier plan, derrière les buis.

 C'est l'automne. Toute la frondaison est rousse
au-dessus des pelouses fraîches. Taches sombres
des buis et des ifs restés verts. Une plaque de
feuilles jaunes sous chaque arbre. Les feuilles jon-
chent toute la scène, craquent sous les pas dans les
allées, couvrent à demi le perron et les bancs.

 Entre le banc de droite et l'arbre, un grand
métier à broder devant lequel une petite chaise a
été apportée. Paniers pleins d'écheveaux et de
pelotons. Tapisserie commencée.

 Au lever du rideau, des sœurs vont et viennent
dans le parc; quelques-unes sont assises sur le
banc autour d'une religieuse plus âgée. Des
feuilles tombent.

SCÈNE PREMIÈRE

MÈRE MARGUERITE, SŒUR MARTHE,
SŒUR CLAIRE, LES SŒURS

SŒUR MARTHE, *à Mère Marguerite.*

Sœur Claire a regardé deux fois comment allait
Sa cornette, devant la glace.

MÈRE MARGUERITE, *à sœur Claire*.

C'est très laid.

SŒUR CLAIRE

Mais sœur Marthe a repris un pruneau de la tarte,
Ce matin : je l'ai vu.

MÈRE MARGUERITE, *à sœur Marthe*.

C'est très vilain, sœur Marthe.

SŒUR CLAIRE

Un tout petit regard !

SŒUR MARTHE

Un tout petit pruneau !

MÈRE MARGUERITE, *sévèrement*.

Je le dirai, ce soir, à monsieur Cyrano.

SŒUR CLAIRE, *épouvantée*.

2245   Non ! il va se moquer !

SŒUR MARTHE

Il dira que les nonnes
Sont très coquettes !

SŒUR CLAIRE

Très gourmandes !

MÈRE MARGUERITE, *souriant.*

Et très bonnes.

SŒUR CLAIRE

N'est-ce pas, Mère Marguerite de Jésus,
Qu'il vient, le samedi, depuis dix ans !

MÈRE MARGUERITE

Et plus !
Depuis que sa cousine à nos béguins de toile
Mêla le deuil mondain de sa coiffe de voile,   2250
Qui chez nous vint s'abattre, il y a quatorze ans,
Comme un grand oiseau noir parmi des oiseaux
[blancs !

SŒUR MARTHE

Lui seul, depuis qu'elle a pris chambre dans ce
[cloître,
Sait distraire un chagrin qui ne veut pas décroître.

TOUTES LES SŒURS

Il est si drôle ! — C'est amusant quand il vient !   2255
— Il nous taquine ! — Il est gentil ! — Nous
[l'aimons bien !
— Nous fabriquons pour lui des pâtes d'angélique !

SŒUR MARTHE

Mais enfin, ce n'est pas un très bon catholique !

SŒUR CLAIRE

Nous le convertirons.

LES SŒURS

Oui ! Oui !

MÈRE MARGUERITE

Je vous défends

2260 De l'entreprendre encor sur ce point, mes enfants.
Ne le tourmentez pas : il viendrait moins peut-être !

SŒUR MARTHE

Mais… Dieu !…

MÈRE MARGUERITE

Rassurez-vous : Dieu doit bien le connaître.

SŒUR MARTHE

Mais chaque samedi, quand il vient d'un air fier,
Il me dit en entrant : « Ma sœur, j'ai fait gras, hier ! »

MÈRE MARGUERITE

2265 Ah ! il vous dit cela ?… Eh bien ! la fois dernière
Il n'avait pas mangé depuis deux jours.

SŒUR MARTHE

Ma Mère !

MÈRE MARGUERITE

Il est pauvre.

SŒUR MARTHE

Qui vous l'a dit ?

MÈRE MARGUERITE

Monsieur Le Bret.

SŒUR MARTHE

On ne le secourt pas ?

MÈRE MARGUERITE

Non, il se fâcherait.

Dans une allée du fond, on voit appa-
raître Roxane, vêtue de noir, avec la coiffe
des veuves et de longs voiles ; de Guiche,
magnifique et vieillissant, marche auprès
d'elle. Ils vont à pas lents. Mère Margue-
rite se lève.

— Allons, il faut rentrer... Madame Madeleine,
Avec un visiteur, dans le parc se promène.   2270

SŒUR MARTHE, *bas à sœur Claire.*

C'est le duc-maréchal de Grammont ?

SŒUR CLAIRE, *regardant.*

Oui, je crois.

SŒUR MARTHE

Il n'était plus venu la voir depuis des mois !

LES SŒURS

Il est très pris ! — La cour ! — Les camps !

SŒUR CLAIRE

Les soins du monde !

Elles sortent. De Guiche et Roxane descendent en silence et s'arrêtent près du métier. Un temps.

SCÈNE II

ROXANE, LE DUC DE GRAMMONT *ancien comte de Guiche, puis* LE BRET *et* RAGUENEAU.

LE DUC

Et vous demeurerez ici, vainement blonde,
2275 Toujours en deuil ?

ROXANE

Toujours.

LE DUC

Aussi fidèle ?

ROXANE

Aussi.

LE DUC, *après un temps.*

Vous m'avez pardonné ?

ROXANE, *simplement, regardant*
la croix du couvent.

Puisque je suis ici.

Nouveau silence.

LE DUC

Vraiment c'était un être ?…

ROXANE

Il fallait le connaître !

LE DUC

Ah ! Il fallait ?… Je l'ai trop peu connu, peut-être !
… Et son dernier billet, sur votre cœur, toujours ?

ROXANE

Comme un doux scapulaire, il pend à ce velours. 2280

LE DUC

Même mort vous l'aimez ?

ROXANE

Quelquefois il me semble
Qu'il n'est mort qu'à demi, que nos cœurs sont
[ensemble,
Et que son amour flotte, autour de moi, vivant !

LE DUC, *après un silence encore.*

Est-ce que Cyrano vient vous voir ?

ROXANE

Oui, souvent.
2285 — Ce vieil ami, pour moi, remplace les gazettes.
Il vient ; c'est régulier ; sous cet arbre où vous êtes
On place son fauteuil, s'il fait beau ; je l'attends
En brodant ; l'heure sonne ; au dernier coup,
[j'entends
— Car je ne tourne plus même le front ! — sa canne
2290 Descendre le perron ; il s'assied ; il ricane
De ma tapisserie éternelle ; il me fait
La chronique de la semaine, et…

Le Bret paraît sur le perron.

Tiens, Le Bret !

Le Bret descend.

Comment va notre ami ?

LE BRET

Mal.

LE DUC

Oh !

ROXANE, *au duc.*

Il exagère.

LE BRET

Tout ce que j'ai prédit : l'abandon, la misère !…
Ses épîtres lui font des ennemis nouveaux !   2295
Il attaque les faux nobles, les faux dévots,
Les faux braves, les plagiaires, — tout le monde.

ROXANE

Mais son épée inspire une terreur profonde.
On ne viendra jamais à bout de lui.

LE DUC, *hochant la tête.*

Qui sait ?

LE BRET

Ce que je crains, ce n'est pas les attaques, c'est   2300
La solitude, la famine, c'est Décembre
Entrant à pas de loup dans son obscure chambre :
Voilà les spadassins qui plutôt le tueront !
— Il serre chaque jour, d'un cran, son ceinturon.

2305 Son pauvre nez a pris des tons de vieil ivoire.
Il n'a plus qu'un petit habit de serge noire.

LE DUC

Ah ! celui-là n'est pas parvenu ! — C'est égal,
Ne le plaignez pas trop.

LE BRET, *avec un sourire amer.*

Monsieur le maréchal !...

LE DUC

Ne le plaignez pas trop : il a vécu sans pactes,
2310 Libre dans sa pensée autant que dans ses actes.

LE BRET, *de même.*

Monsieur le duc !...

LE DUC, *hautainement.*

Je sais, oui : j'ai tout ; il n'a rien...
Mais je lui serrerais bien volontiers la main.

Saluant Roxane.

Adieu.

ROXANE

Je vous conduis.

*Le duc salue Le Bret et se dirige avec
Roxane vers le perron.*

LE DUC, *s'arrêtant, tandis qu'elle monte.*

Oui, parfois, je l'envie.
— Voyez-vous, lorsqu'on a trop réussi sa vie,
On sent, — n'ayant rien fait, mon Dieu, de vraiment   2315
[mal ! —
Mille petits dégoûts de soi, dont le total
Ne fait pas un remords, mais une gêne obscure ;
Et les manteaux de duc traînent dans leur fourrure,
Pendant que des grandeurs on monte les degrés,
Un bruit d'illusions sèches et de regrets,   2320
Comme, quand vous montez lentement vers ces
[portes,
Votre robe de deuil traîne des feuilles mortes.

ROXANE, *ironique.*

Vous voilà bien rêveur ?…

LE DUC

Eh ! oui !

Au moment de sortir, brusquement.

Monsieur le Bret !

À Roxane.

Vous permettez ? Un mot.

Il va à Le Bret, et à mi-voix.

C'est vrai : nul n'oserait
Attaquer votre ami ; mais beaucoup l'ont en haine ;   2325

Et quelqu'un me disait, hier, au jeu, chez la Reine :
« Ce Cyrano pourrait mourir d'un accident. »

LE BRET

Ah ?

LE DUC

Oui. Qu'il sorte peu. Qu'il soit prudent.

LE BRET, *levant les bras au ciel.*

Prudent !

Il va venir. Je vais l'avertir. Oui, mais !…

ROXANE, *qui est restée sur le perron,*
à une sœur qui s'avance vers elle.

Qu'est-ce ?

LA SŒUR

2330 Ragueneau veut vous voir, Madame.

ROXANE

Qu'on le laisse

Entrer.

Au duc et à Le Bret.

Il vient crier misère. Étant un jour
Parti pour être auteur, il devint tour à tour
Chantre…

LE BRET

Étuviste…

ROXANE

Acteur…

LE BRET

Bedeau…

ROXANE

Perruquier…

LE BRET

Maître
De théorbe…

ROXANE

Aujourd'hui que pourrait-il bien être ?

RAGUENEAU, *entrant précipitamment.*

Ah ! Madame !   2335

Il aperçoit Le Bret.

Monsieur !

ROXANE, *souriant.*

Racontez vos malheurs
À Le Bret. Je reviens.

RAGUENEAU

Mais, Madame…

Roxane sort sans l'écouter, avec le
duc. Il redescend vers Le Bret.

SCÈNE III

LE BRET, RAGUENEAU

RAGUENEAU

D'ailleurs,
Puisque vous êtes là, j'aime mieux qu'elle ignore !
— J'allais voir votre ami tantôt. J'étais encore
À vingt pas de chez lui… quand je le vois de loin,
2340 Qui sort. Je veux le joindre. Il va tourner le coin
De la rue… et je cours… lorsque d'une fenêtre
Sous laquelle il passait — est-ce un hasard ?…
[peut-être ! —
Un laquais laisse choir une pièce de bois.

LE BRET

Les lâches !… Cyrano !

RAGUENEAU

J'arrive et je le vois…

LE BRET

C'est affreux !   2345

RAGUENEAU

Notre ami, Monsieur, notre poète,
Je le vois, là, par terre, un grand trou dans la tête !

LE BRET

Il est mort ?

RAGUENEAU

Non ! mais… Dieu ! je l'ai porté chez lui.
Dans sa chambre… Ah ! sa chambre ! il faut voir ce
                                              [réduit !

LE BRET

Il souffre ?

RAGUENEAU

Non, Monsieur, il est sans connaissance.

LE BRET

Un médecin ?   2350

RAGUENEAU

Il en vint un par complaisance.

LE BRET

Mon pauvre Cyrano ! — Ne disons pas cela
Tout d'un coup à Roxane ! — Et ce docteur ?

RAGUENEAU

Il a
Parlé, — je ne sais plus, — de fièvre, de
[méninges !...
Ah ! si vous le voyiez — la tête dans des linges !...
2355 Courons vite ! — Il n'y a personne à son chevet ! —
C'est qu'il pourrait mourir, Monsieur, s'il se levait !

LE BRET, *l'entraînant vers la droite.*

Passons par là ! Viens, c'est plus court ! Par la
[chapelle !

ROXANE, *paraissant sur le perron*
et voyant Le Bret s'éloigner
par la colonnade qui mène
à la petite porte de la chapelle.

Monsieur Le Bret !

Le Bret et Ragueneau se sauvent sans
répondre.

Le Bret s'en va quand on l'appelle ?
C'est quelque histoire encor de ce bon Ragueneau !

Elle descend le perron.

SCÈNE IV

ROXANE *seule, puis* DEUX SŒURS,
un instant.

ROXANE

Ah ! que ce dernier jour de septembre est donc beau !   2360
Ma tristesse sourit. Elle qu'Avril offusque,
Se laisse décider par l'automne, moins brusque.

> *Elle s'assied à son métier. Deux sœurs
> sortent de la maison et apportent un grand
> fauteuil sous l'arbre.*

Ah ! voici le fauteuil classique où vient s'asseoir
Mon vieil ami !

SŒUR MARTHE

Mais c'est le meilleur du parloir !

ROXANE

Merci, ma sœur.   2365

> *Les sœurs s'éloignent.*

Il va venir.

Elle s'installe. On entend sonner l'heure.

Là… l'heure sonne.
— Mes écheveaux ! — L'heure a sonné ? Ceci
[m'étonne !
Serait-il en retard pour la première fois ?
La sœur tourière doit — mon dé ?… là, je le vois ! —
L'exhorter à la pénitence.

Un temps.

Elle l'exhorte !
2370 — Il ne peut plus tarder. — Tiens ! une feuille
[morte ! —

*Elle repousse du doigt la feuille tom-
bée sur son métier.*

D'ailleurs, rien ne pourrait. — Mes ciseaux ?…
[dans mon sac ! —
L'empêcher de venir !

UNE SŒUR, *paraissant sur le perron.*

Monsieur de Bergerac.

SCÈNE V

ROXANE, CYRANO *et, un moment,*
SŒUR MARTHE.

ROXANE, *sans se retourner.*

Qu'est-ce que je disais ?…

Et elle brode. Cyrano, très pâle, le feutre enfoncé sur les yeux, paraît. La sœur qui l'a introduit rentre. Il se met à descendre le perron lentement, avec un effort visible pour se tenir debout, et en s'appuyant sur sa canne. Roxane travaille à sa tapisserie.

Ah ! ces teintes fanées…
Comment les rassortir ?

À Cyrano, sur un ton d'amicale gronderie.

Depuis quatorze années,
Pour la première fois, en retard !   2375

CYRANO, *qui est parvenu au fauteuil
et s'est assis, d'une voix gaie contrastant
avec son visage.*

Oui, c'est fou !
J'enrage. Je fus mis en retard, vertuchou !…

ROXANE

Par ?…

CYRANO

Par une visite assez inopportune.

ROXANE, *distraite, travaillant.*

Ah ! oui ! quelque fâcheux ?

CYRANO

Cousine, c'était une
Fâcheuse.

ROXANE

Vous l'avez renvoyée ?

CYRANO

Oui, j'ai dit :
2380 Excusez-moi, mais c'est aujourd'hui samedi,
Jour où je dois me rendre en certaine demeure ;
Rien ne m'y fait manquer : repassez dans une heure !

ROXANE, *légèrement.*

Eh bien ! cette personne attendra pour vous voir :
Je ne vous laisse pas partir avant ce soir.

CYRANO, *avec douceur.*

2385 Peut-être un peu plus tôt faudra-t-il que je parte.

> *Il ferme les yeux et se tait un instant.
> Sœur Marthe traverse le parc de la cha-
> pelle au perron. Roxane l'aperçoit, lui fait
> un petit signe de tête.*

ROXANE, *à Cyrano.*

Vous ne taquinez pas sœur Marthe ?

CYRANO, *vivement, ouvrant les yeux.*

Si !

Avec une grosse voix comique.

Sœur Marthe !

Approchez !

La sœur glisse vers lui.

Ha ! ha ! ha ! Beaux yeux toujours baissés !

SŒUR MARTHE, *levant les yeux*
en souriant.

Mais…

Elle voit sa figure et fait un geste
d'étonnement.

Oh !

CYRANO, *bas, lui montrant Roxane.*

Chut ! Ce n'est rien ! —

D'une voix fanfaronne. Haut.

Hier, j'ai fait gras.

SŒUR MARTHE

Je sais.

À part.

C'est pour cela qu'il est si pâle !

Vite et bas.

Au réfectoire
2390 Vous viendrez tout à l'heure, et je vous ferai boire
Un grand bol de bouillon… Vous viendrez ?

CYRANO

Oui, oui, oui.

SŒUR MARTHE

Ah ! vous êtes un peu raisonnable, aujourd'hui !

ROXANE, *qui les entend chuchoter.*

Elle essaye de vous convertir ?

SŒUR MARTHE

Je m'en garde !

CYRANO

Tiens, c'est vrai ! Vous toujours si saintement
[bavarde,
2395 Vous ne me prêchez pas ? c'est étonnant, ceci !…

Avec une fureur bouffonne.

Sabre de bois ! Je veux vous étonner aussi !
Tenez, je vous permets…

*Il a l'air de chercher une bonne taqui-
nerie, et de la trouver.*

Ah ! la chose est nouvelle ?...
De... de prier pour moi, ce soir, à la chapelle.

ROXANE

Oh ! oh !

CYRANO, *riant.*

Sœur Marthe est dans la stupéfaction !

SŒUR MARTHE, *doucement.*

Je n'ai pas attendu votre permission.   2400

Elle rentre.

CYRANO, *revenant à Roxane,*
penchée sur son métier.

Du diable si je peux jamais, tapisserie,
Voir ta fin !

ROXANE

J'attendais cette plaisanterie.

À ce moment un peu de brise fait tom-
ber les feuilles.

CYRANO

Les feuilles !

ROXANE, *levant la tête, et regardant*
au loin, dans les allées.

Elles sont d'un blond vénitien.
Regardez-les tomber.

CYRANO

Comme elles tombent bien !
2405 Dans ce trajet si court de la branche à la terre,
Comme elles savent mettre une beauté dernière,
Et malgré leur terreur de pourrir sur le sol,
Veulent que cette chute ait la grâce d'un vol !

ROXANE

Mélancolique, vous ?

CYRANO, *se reprenant.*

Mais pas du tout, Roxane !

ROXANE

2410 Allons, laissez tomber les feuilles de platane…
Et racontez un peu ce qu'il y a de neuf.
Ma gazette ?

CYRANO

Voici !

ROXANE

Ah !

CYRANO, *de plus en plus pâle,*
et luttant contre la douleur.

Samedi, dix-neuf :
Ayant mangé huit fois du raisiné de Cette,
Le Roi fut pris de fièvre ; à deux coups de lancette

Son mal fut condamné pour lèse-majesté,   2415
Et cet auguste pouls n'a plus fébricité !
Au grand bal, chez la reine, on a brûlé, dimanche,
Sept cent soixante-trois flambeaux de cire blanche ;
Nos troupes ont battu, dit-on, Jean l'Autrichien[1] ;
On a pendu quatre sorciers ; le petit chien   2420
De madame d'Athis a dû prendre un clystère…

ROXANE

Monsieur de Bergerac, voulez-vous bien vous taire !

CYRANO

Lundi… rien. Lygdamire[2] a changé d'amant.

---

1. C'est en 1658 seulement que Turenne vainquit (bataille des
Dunes) don Juan d'Autriche (1629-1679), vice-roi des Pays-
Bas. Dans cette tirade, Rostand se souvient peut-être d'un pas-
sage du *Cousin du roi* (1857) de Banville et Philoxène Boyer :

DUFRESNY

Avant-hier, j'allai tout seul au Cours-la-Reine,
Vers midi ; la journée était chaude et sereine,
J'écoutais les propos des buveurs de soleil,
Entretien toujours neuf, quoique toujours pareil !
« Que fait-on ? — La princesse a quitté la Savoie,
« Et certaine Philis brûle encor pour Cavoye…
« Qui gèle ! — Cossé boit ! — Madame de Conti
« Joue à la Niobé, car Clermont est parti. —
« Fagon purge. — Boufflers pour le camp de Compiègne
« Arme ses cuisiniers. — Et la Maintenon ? Règne
« À jamais ! »…

2. Lygdamire était le surnom précieux de la duchesse de
Longueville (1619-1679), sœur du grand Condé et frondeuse

ROXANE

Oh !

CYRANO, *dont le visage s'altère*
de plus en plus.

Mardi, toute la cour est à Fontainebleau.
2425 Mercredi, la Montglat dit au comte de Fiesque :
Non ! Jeudi : Mancini, reine de France, — ou
[presque !
Le vingt-cinq, la Montglat à de Fiesque dit : Oui ;
Et samedi, vingt-six…

Il ferme les yeux. Sa tête tombe. Silence.

ROXANE, *surprise de ne plus rien*
entendre, se retourne, le regarde,
et se levant effrayée.

Il est évanoui ?

Elle court vers lui en criant.

Cyrano !

CYRANO, *rouvrant les yeux,*
d'une voix vague.

Qu'est-ce ?… Quoi ?…

_____

acharnée. Somaize en dit : «Une prétieuse d'un rang à n'en
point parler, de crainte de n'en pas assez dire de bien, ou du
moins de ne pas le dire assez bien.»

Il voit Roxane penchée sur lui et, vive-
ment, assurant son chapeau sur sa tête et
reculant avec effroi dans son fauteuil.

Non ! non ! je vous assure.
Ce n'est rien. Laissez-moi !   2430

ROXANE

Pourtant…

CYRANO

C'est ma blessure
D'Arras… qui… quelquefois… vous savez…

ROXANE

Pauvre ami !

CYRANO

Mais ce n'est rien. Cela va finir.

Il sourit avec effort.

C'est fini.

ROXANE, *debout près de lui.*

Chacun de nous a sa blessure : j'ai la mienne.
Toujours vive, elle est là, cette blessure ancienne,

Elle met la main sur sa poitrine.

Elle est là, sous la lettre au papier jaunissant   2435
Où l'on peut voir encor des larmes et du sang !

Le crépuscule commence à venir.

CYRANO

Sa lettre !… N'aviez-vous pas dit qu'un jour,
[peut-être,
Vous me la feriez lire ?

ROXANE

Ah ! vous voulez ?… Sa lettre ?

CYRANO

Oui… Je veux… Aujourd'hui…

ROXANE, *lui donnant le sachet pendu*
à son cou.

Tenez !

CYRANO, *le prenant.*

Je peux ouvrir ?

ROXANE

2440 Ouvrez… lisez !…

Elle revient à son métier, le replie,
range ses laines.

CYRANO, *lisant.*

« *Roxane, adieu, je vais mourir !:…* »

ROXANE, *s'arrêtant, étonnée.*

Tout haut ?

CYRANO, *lisant.*

« *C'est pour ce soir, je crois, ma bien-aimée !*
J'ai l'âme lourde encor d'amour inexprimée,
Et je meurs ! jamais plus, jamais mes yeux grisés,
Mes regards dont c'était... »

ROXANE

                     Comme vous la lisez,
Sa lettre !   2445

CYRANO, *continuant.*

« *... dont c'était les frémissantes fêtes,*
Ne baiseront au vol les gestes que vous faites ;
J'en revois un petit qui vous est familier
Pour toucher votre front, et je voudrais crier... »

ROXANE, *troublée.*

Comme vous la lisez, — cette lettre !

            La nuit vient insensiblement.

CYRANO

                   « *Et je crie :*
Adieu !... »   2450

ROXANE

     Vous la lisez...

CYRANO

« *Ma chère, ma chérie,*
Mon trésor... »

ROXANE, *rêveuse.*

D'une voix...

CYRANO

« *Mon amour !...* »

ROXANE

D'une voix...

Elle tressaille.

Mais... que je n'entends pas pour la première fois !

Elle s'approche tout doucement, sans
qu'il s'en aperçoive, passe derrière le
fauteuil, se penche sans bruit, regarde la
lettre. — L'ombre augmente.

CYRANO

« *Mon cœur ne vous quitta jamais une seconde,*
Et je suis et serai jusque dans l'autre monde
2455 *Celui qui vous aima sans mesure, celui...* »

ROXANE, *lui posant la main sur l'épaule.*

Comment pouvez-vous lire à présent ? Il fait nuit.

*Il tressaille, se retourne, la voit là tout
près, fait un geste d'effroi, baisse la tête.
Un long silence. Puis, dans l'ombre complètement venue, elle dit avec lenteur, joignant les mains :*

Et pendant quatorze ans, il a joué ce rôle
D'être le vieil ami qui vient pour être drôle !

CYRANO

Roxane !

ROXANE

C'était vous.

CYRANO

Non, non, Roxane, non !

ROXANE

J'aurais dû deviner quand il disait mon nom ! 2460

CYRANO

Non ! ce n'était pas moi !

ROXANE

C'était vous !

CYRANO

Je vous jure…

ROXANE

J'aperçois toute la généreuse imposture :
Les lettres, c'était vous...

CYRANO

Non !

ROXANE

Les mots chers et fous,
C'était vous...

CYRANO

Non !

ROXANE

La voix dans la nuit, c'était vous !

CYRANO

2465 Je vous jure que non !

ROXANE

L'âme, c'était la vôtre !

CYRANO

Je ne vous aimais pas.

ROXANE

Vous m'aimiez !

CYRANO, *se débattant.*

C'était l'autre !

ROXANE

Vous m'aimiez !

CYRANO, *d'une voix qui faiblit.*

Non !

ROXANE

Déjà vous le dites plus bas !

CYRANO

Non, non, mon cher amour, je ne vous aimais pas !

ROXANE

Ah ! que de choses qui sont mortes… qui sont nées !
— Pourquoi vous être tu pendant quatorze années,   2470
Puisque sur cette lettre où, lui, n'était pour rien,
Ces pleurs étaient de vous ?

CYRANO, *lui tendant la lettre.*

Ce sang était le sien.

ROXANE

Alors pourquoi laisser ce sublime silence
Se briser aujourd'hui ?

CYRANO

Pourquoi ?…

Le Bret et Ragueneau entrent en courant.

SCÈNE VI

LES MÊMES, LE BRET ET RAGUENEAU

LE BRET

Quelle imprudence !
2475 Ah ! j'en étais bien sûr ! il est là !

CYRANO, *souriant et se redressant.*

Tiens, parbleu !

LE BRET

Il s'est tué, Madame, en se levant !

ROXANE

Grand Dieu !
Mais tout à l'heure alors… cette faiblesse ?…

[cette ?…

CYRANO

C'est vrai ! je n'avais pas terminé ma gazette :
… Et samedi, vingt-six, une heure avant dîné,
Monsieur de Bergerac est mort assassiné.   2480

> *Il se découvre ; on voit sa tête entourée*
> *de linges.*

ROXANE

Que dit-il ? — Cyrano ! — Sa tête enveloppée !…
Ah ! que vous a-t-on fait ? Pourquoi ?

CYRANO

     « D'un coup d'épée,
Frappé par un héros, tomber la pointe au cœur ! »…
— Oui, je disais cela !… Le destin est railleur !…
Et voilà que je suis tué dans une embûche,   2485
Par derrière, par un laquais, d'un coup de bûche !
C'est très bien. J'aurai tout manqué, même ma mort.

RAGUENEAU

Ah ! Monsieur !…

CYRANO

   Ragueneau, ne pleure pas si fort !…

> *Il lui tend la main.*

Qu'est-ce que tu deviens, maintenant, mon
       [confrère ?

RAGUENEAU, *à travers ses larmes.*

2490 Je suis moucheur de… de… chandelles, chez
                                                    [Molière.

CYRANO

Molière !

RAGUENEAU

Mais je veux le quitter, dès demain ;
Oui, je suis indigné !… Hier, on jouait *Scapin*[1],
Et j'ai vu qu'il vous a pris une scène !

LE BRET

Entière !

---

1. En réalité, *Les Fourberies de Scapin* furent créées au
Palais-Royal le 24 avril 1671, plus de quinze ans après. Rostand choisit bien sûr délibérément cet anachronisme, qui permet de mettre en valeur le lien avec Molière.

La comédie de Cyrano, *Le Pédant joué*, publiée en 1645, ne
fut (malgré son titre) apparemment pas représentée à l'époque.
À la scène IV de l'acte II, le valet Corbinelli raconte à Granger l'enlèvement de son fils : « Mon maître ne m'a jamais pu
dire autre chose, sinon : "Va-t'en trouver mon père, et lui
dis…" Ses larmes aussitôt, suffoquant sa parole, m'ont bien
mieux expliqué qu'il n'eût su faire les tendresses qu'il a pour
vous… » Et Granger : « Que diable aller faire aussi dans la
galère d'un Turc ? D'un Turc ! » (*Théâtre du XVIIe siècle*,
Bibliothèque de la Pléiade, t. II, p. 787). Comme on sait,
Molière reprit la formule dans *Les Fourberies de Scapin*.

RAGUENEAU

Oui, Monsieur, le fameux : « Que diable allait-il
[faire ?... »

LE BRET, *furieux*.

Molière te l'a pris !   2495

CYRANO

Chut ! chut ! Il a bien fait !

À Ragueneau.

La scène, n'est-ce pas, produit beaucoup d'effet ?

RAGUENEAU, *sanglotant.*

Ah ! Monsieur, on riait ! on riait !

CYRANO

Oui, ma vie
Ce fut d'être celui qui souffle, — et qu'on oublie !

À Roxane.

Vous souvient-il du soir où Christian vous parla
Sous le balcon ? Eh bien ! toute ma vie est là :   2500
Pendant que je restais en bas, dans l'ombre noire,
D'autres montaient cueillir le baiser de la gloire !
C'est justice, et j'approuve au seuil de mon
[tombeau :
Molière a du génie et Christian était beau !

*À ce moment, la cloche de la chapelle
ayant tinté, on voit passer au fond, dans
l'allée, les religieuses se rendant à l'office.*

2505 Qu'elles aillent prier puisque leur cloche sonne !

ROXANE, *se relevant pour appeler.*

Ma sœur ! ma sœur !

CYRANO, *la retenant.*

Non ! non ! n'allez chercher personne :
Quand vous reviendriez, je ne serais plus là.

*Les religieuses sont entrées dans la
chapelle, on entend l'orgue.*

Il me manquait un peu d'harmonie… en voilà.

ROXANE

Je vous aime, vivez !

CYRANO

Non ! car c'est dans le conte
2510 Que lorsqu'on dit : Je t'aime ! au prince plein de
[honte,
Il sent sa laideur fondre à ces mots de soleil…
Mais tu t'apercevrais que je reste pareil.

ROXANE

J'ai fait votre malheur ! moi ! moi !

CYRANO

Vous ?… au contraire !
J'ignorais la douceur féminine. Ma mère
Ne m'a pas trouvé beau. Je n'ai pas eu de sœur.   2515
Plus tard, j'ai redouté l'amante à l'œil moqueur.
Je vous dois d'avoir eu, tout au moins, une amie.
Grâce à vous une robe a passé dans ma vie.

LE BRET, *lui montrant le clair de lune*
qui descend à travers les branches.

Ton autre amie est là, qui vient te voir !

CYRANO, *souriant à la lune.*

Je vois.

ROXANE

Je n'aimais qu'un seul être et je le perds deux fois !   2520

CYRANO

Le Bret, je vais monter dans la lune opaline,
Sans qu'il faille inventer, aujourd'hui, de machine…

ROXANE

Que dites-vous ?

CYRANO

Mais oui, c'est là, je vous le dis,
Que l'on va m'envoyer faire mon paradis.

2525 Plus d'une âme que j'aime y doit être exilée,
Et je retrouverai Socrate et Galilée !

LE BRET, se révoltant.

Non ! non ! C'est trop stupide à la fin, et c'est trop
Injuste ! Un tel poète ! Un cœur si grand, si haut !
Mourir ainsi !… Mourir !…

CYRANO

Voilà Le Bret qui grogne !

LE BRET, fondant en larmes.

2530 Mon cher ami…

CYRANO, se soulevant, l'œil égaré.

Ce sont les cadets de Gascogne…
— La masse élémentaire… Eh oui !… voilà le *hic*…

LE BRET

Sa science… dans son délire !

CYRANO

Copernic
A dit…

ROXANE

Oh !

CYRANO

Mais aussi que diable allait-il faire,
Mais que diable allait-il faire en cette galère ?…

Philosophe, physicien,   2535
Rimeur, bretteur, musicien,
Et voyageur aérien,
Grand riposteur du tac au tac,
Amant aussi — pas pour son bien ! —
Ci-gît Hercule-Savinien   2540
De Cyrano de Bergerac
Qui fut tout, et qui ne fut rien[1],
… Mais je m'en vais, pardon, je ne peux faire
                                    [attendre :
Vous voyez, le rayon de lune vient me prendre !

Il est retombé assis, les pleurs de
Roxane le rappellent à la réalité, il la
regarde, et caressant ses voiles :

Je ne veux pas que vous pleuriez moins ce charmant, 2545
Ce bon, ce beau Christian ; mais je veux seulement
Que lorsque le grand froid aura pris mes vertèbres,
Vous donniez un sens double à ces voiles funèbres,
Et que son deuil sur vous devienne un peu mon
                                    [deuil.

ROXANE

Je vous jure !…   2250

1. Rostand se souvient peut-être de l'*Épitaphe* des *Amours
Jaunes*, de Tristan Corbière (collection *Poésie* / Gallimard,
p. 30).

CYRANO *est secoué d'un grand frisson*
et se lève brusquement.

Pas là ! non ! pas dans ce fauteuil !

On veut s'élancer vers lui.

— Ne me soutenez pas ! — Personne !

Il va s'adosser à l'arbre.

Rien que l'arbre !

Silence.

Elle vient. Je me sens déjà botté de marbre,
— Ganté de plomb !

Il se raidit.

Oh ! mais !… puisqu'elle est en chemin,
Je l'attendrai debout,

Il tire l'épée.

et l'épée à la main !

LE BRET

2555 Cyrano !

ROXANE, *défaillante.*

Cyrano !

Tous reculent épouvantés.

CYRANO

Je crois qu'elle regarde…
Qu'elle ose regarder mon nez, cette Camarde !

Il lève son épée.

Que dites-vous ?… C'est inutile ?… Je le sais !
Mais on ne se bat pas dans l'espoir du succès !
Non ! non ! c'est bien plus beau lorsque c'est inutile !
— Qu'est-ce que c'est que tous ceux-là ? — Vous   2560
[êtes mille ?
Ah ! je vous reconnais, tous mes vieux ennemis !
Le Mensonge ?

Il frappe de son épée le vide.

Tiens, tiens ! — Ha ! ha ! les Compromis,
Les Préjugés, les Lâchetés !…

Il frappe.

Que je pactise ?
Jamais, jamais ! — Ah ! te voilà, toi, la Sottise !
— Je sais bien qu'à la fin vous me mettrez à bas ;   2565
N'importe : je me bats ! je me bats ! je me bats !

*Il fait des moulinets immenses et s'ar-
rête haletant.*

Oui, vous m'arrachez tout, le laurier et la rose !
Arrachez ! Il y a malgré vous quelque chose
Que j'emporte, et ce soir, quand j'entrerai chez Dieu,

2570 Mon salut balaiera largement le seuil bleu,
      Quelque chose que sans un pli, sans une tache,
      J'emporte malgré vous,

                    Il s'élance l'épée haute.

              et c'est…

          *L'épée s'échappe de ses mains, il
          chancelle, tombe dans les bras de Le Bret
          et de Ragueneau.*

          ROXANE, *se penchant sur lui
              et lui baisant le front.*

                    C'est ?…

        CYRANO, *rouvre les yeux, la reconnaît
              et dit en souriant.*

                    Mon panache.

        RIDEAU

DOSSIER

CHRONOLOGIE
1868-1918

1868 *1er avril.* Naissance à Marseille d'Edmond Rostand, 14, rue Montaux. Son père, Eugène Rostand, est journaliste et poète.

1878 Après avoir suivi les cours d'une institution privée, il entre au lycée de Marseille, où il fera ses études jusqu'à la seconde, en brillant élève. Les étés, la famille Rostand séjourne à Luchon.

1884 Il entre au Collège Stanislas à Paris ; il habite d'abord chez les Gorsse, amis de sa famille.

1887 Sur le sujet : *Deux romanciers de Provence, Honoré d'Urfé et Émile Zola*, Rostand remporte le prix de l'Académie de Marseille.

1888 L'été, à Luchon, il fait la connaissance de Rosemonde Gérard, petite-fille du maréchal de France. À la rentrée, il suit les cours de la Faculté de Droit (sans conviction : c'est pour faire plaisir à son père) et fréquente le salon de Leconte de Lisle (avec conviction : c'est pour y rencontrer Rosemonde).

1889 *Le Gant rouge*, vaudeville en quatre actes, écrit par Rostand et Henry Lee, demi-frère de Rosemonde Gérard, est joué au théâtre de Cluny. C'est un échec.

1890 *8 avril.* Edmond Rostand épouse Rosemonde
Gérard. Massenet est le témoin de la mariée.
10 avril. Parution, chez Lemerre, d'un recueil de
poèmes, *Les Musardises*, qui reçoit un bon accueil
de la critique.
Les Deux Pierrots, un acte en vers, est refusé à la
Comédie-Française.

1891 *26 mai.* Naissance de Maurice (qui deviendra
poète et dramaturge).

1892-1893. Rostand travaille à plusieurs projets de
pièces. Pendant l'été 1893, en vacances à Luchon,
il lit l'une d'elles, *Les Romanesques*, à Le Bargy,
sociétaire de la Comédie-Française. La pièce est
ensuite acceptée.

1894 *21 mai.* Création des *Romanesques* à la Comédie-
Française : c'est un succès.
Peu après, il lit à Sarah Bernhardt *La Princesse
lointaine*, écrite pour elle.
30 octobre. Naissance de Jean.

1895 *5 avril. La Princesse lointaine* est créée au théâtre
de la Renaissance, avec une distribution presti-
gieuse : outre Sarah, De Max et Lucien Guitry, et
un grand luxe scénique ; mais ce n'est pas le succès attendu.
3 mai. Lettre de Jules Renard à Rostand : « Ce qui
me plaît de vous, c'est un mélange de sensibilité et
d'ironie, et votre adresse à le composer. » Renard
sera un ami fidèle, mais souvent aigre et jaloux, du
ménage Rostand.
Octobre-décembre. Rostand écrit *La Maison des
amants*, pièce destinée à Mounet-Sully, Julia Bartet et Marguerite Moréno. Il abandonne l'œuvre
très largement rédigée.

1896 *9 décembre.* Rostand participe à la grande journée
d'hommage à Sarah Bernhardt.

Pendant « l'Affaire », il est dreyfusard.

1897 *14 avril.* Création de *La Samaritaine*, avec Sarah
Bernhardt. Cet « Évangile en trois tableaux »
(musique de Gabriel Pierné) est bien accueilli.

1er juillet. Rostand publie des *Poésies* dans la
Revue de Paris.

28 décembre. Première de *Cyrano de Bergerac* à
la Porte Saint-Martin : triomphe.

1898 *1er janvier.* Rostand est fait chevalier de la Légion
d'honneur.

6 janvier. Félix Faure, président de la République,
assiste en famille à *Cyrano.*

Dans une lettre aimable et juste, publiée en préface, Rostand réfute les attaques d'Émile Magne
dans *Les Erreurs de documentation de « Cyrano
de Bergerac ».*

1900 *15 mars.* Création de *L'Aiglon* avec Sarah Bernhardt et Lucien Guitry. Le succès est grand
mais se manifeste une déception par rapport à
Cyrano.

Début de la maladie : troubles pulmonaires et
angoisses neurasthéniques qui poursuivront sans
cesse Rostand. Son médecin lui suggère un séjour
à Cambo, dans les Pyrénées.

1901 Il s'installe dans la villa Etchegorria, à Cambo, où
il passera la majeure partie de son temps.

Il donne une préface aux *Poèmes d'enfance* de
Jacques d'Adelsward-Fersen.

30 mai. Élection à l'Académie française, au fauteuil d'Henri de Bornier.

20 septembre. Pour la visite du tsar en France,
Rostand écrit un *Poème à S. M. L'Impératrice de*

Russie, dit par Julia Bartet à une réception offi-
cielle. Le vers

> *Oh ! oh ! c'est une impératrice !*

laisse le public perplexe.

Il commence *Chantecler*.

1902 *26 février.* Pour le centenaire de Victor Hugo, il
publie dans *Le Gaulois* « Un soir à Hernani », écrit
au cours d'un voyage en Espagne, et particulièrement dans le village d'Ernani. Il a beaucoup de
difficultés à écrire et ne parvient pas à terminer
son discours de réception à l'Académie (à un ami :
« J'en ai déjà écrit un mot : *Messieurs* »).

1903 *4 mai.* Réception à l'Académie française : c'est un
événement littéraire et surtout mondain. Dans la
Nouvelle Revue, peu avant, Willy a publié de sup-
posés fragments — en vers ! — du discours de
Rostand ; la supercherie réussit.

Jehan-Rictus publie, lui, un violent pamphlet : *Un
« bluff » littéraire : le cas Edmond Rostand.*

1904-1905. Décidément conquis par la région, Rostand
se fait construire à Cambo une splendide villa, bap-
tisée Arnaga. *Chantecler* est quasiment achevé ;
mais le désir de perfection obsède le poète qui ne
se résout pas à mettre un point final.

1906-1907. De plus en plus neurasthénique, Rostand est
réduit à une paradoxale inactivité, faite d'une sur-
abondance de projets : un *Faust* ou une *Jeanne
d'Arc* pour Sarah, une *Pénélope* ou une *Casti-
glione…* Il travaille à une nouvelle version de *La
Princesse lointaine*.

1908 *Décembre.* Il remet enfin le texte de *Chantecler* à
Coquelin qui doit, après *Cyrano*, le créer. Le

numéro de Noël de *L'Illustration* publie une pantomime, *Le Bois sacré*.

1909 *27 janvier*. Alors que sont commencées les répétitions de *Chantecler*, Coquelin meurt subitement. Après bien des hésitations, le rôle est donné à Lucien Guitry.

1910 *7 février*. Création de *Chantecler* à la Porte Saint-Martin. Tant attendue qu'elle en était devenue mythique, l'œuvre surprend mais déçoit.

15 avril. Adieux de Sarah Bernhardt avant sa tournée aux États-Unis. Rostand rencontre Gabriele D'Annunzio.

20 avril. Représentation de la pantomime *Le Bois sacré* au théâtre Sarah-Bernhardt.

Rostand lit et apprécie *Impressions d'Afrique* de Raymond Roussel.

1911 Nouvelle édition, très remaniée, des *Musardises*, chez Fasquelle.

Lors d'un gala donné à l'Opéra en l'honneur du vieux Massenet (qui meurt l'année suivante), Mounet-Sully dit un sonnet de Rostand dédié au musicien.

1912 Nouvelles rencontres avec D'Annunzio qui, séjournant à Arcachon, visite Arnaga. Sarah souhaitait que les deux poètes écrivent ensemble à son intention une *Jeanne d'Arc*.

1913 *27 février*. Création au Metropolitan Opera de New York d'un *Cyrano* mis en musique par Walter Damrosch.

3 mai. La millième de *Cyrano* est fêtée à la Porte Saint-Martin, lors d'une reprise avec Le Bargy.

1914 Anna de Noailles s'installe à Cambo, en voisine des Rostand, à la villa Brimborion.

Pendant la guerre, éloigné du front par sa santé,

Rostand manifestera sa préoccupation et sa solidarité de multiples façons. Il échangera entre autres une correspondance avec son ami Henri Barbusse, dont il louera *Le Feu*.

1915 *20 janvier.* Mort d'Eugène Rostand, père du poète. Avec Édouard Ganche et Maurice Barrès, Rostand participe à l'hommage rendu au musicien Albéric Magnard, tué par les Allemands.

Novembre. Rostand passe cinq jours sur le front, de la Champagne à la Lorraine.

1916 Il s'intéresse au cinéma, et apprécie le *Forfaiture* de Cecil B. de Mille : « J'ai été voir *Forfaiture*. C'est étonnant. Le Japonais est inouï. Voilà ce qu'on devrait faire chez nous. Cela prouve que le "ciné" a un avenir énorme… » (lettre à Mary Marquet).

12 septembre. Mort de sa mère.

6 octobre. Publication de poèmes de guerre, *Le Vol de la Marseillaise*.

1918 Rentré à Paris début novembre, Rostand est atteint de la grippe espagnole.

2 décembre. Mort d'Edmond Rostand, à cinquante ans.

NOTICE

CYRANO, PERSONNAGE HISTORIQUE

Depuis décembre 1897, le personnage de Cyrano se trouve dans une curieuse situation, quasi schizophrénique : il est deux, et n'est pas. Nul ouvrage, en effet, consacré au Cyrano historique, qui ne commence par des précautions oratoires : surtout, ne pas le confondre avec le consternant portrait qu'en fit Rostand ! Mais par ailleurs le lecteur de la pièce peut évidemment insister sur le fait que Cyrano, aujourd'hui, pour le plus vaste public, est le héros de Rostand, sans qui il ne serait guère plus connu que Théophile de Viau ou Furetière : les professeurs et quelques lettrés lui rendraient hommage. Rostand a donné à Cyrano une seconde vie, par la force des chances passablement indépendante de la première, la « vraie » ; c'est précisément cette vérité que Rostand par son travail fait basculer.

Rappeler brièvement quel fut le Cyrano historique permettra de voir qu'en gros il fut fidèle aux faits établis, qu'il mit seulement en perspective.

Savinien de Cyrano (il ajouta à son nom celui de la terre familiale de Bergerac) naquit à Paris en 1619. Il eut tôt comme condisciple Henry Le Bret, qui resta toujours son ami. Ses études terminées, il commença à mener une vie de cabarets, jeux et bagarres : son père lui coupant les vivres, Cyrano s'engagea avec Le Bret comme cadet dans les Gardes de Carbon de Castel-Jaloux et participa aux campagnes de Champagne (1639) et de Picardie (1640). Il fut blessé au siège d'Arras ; ce n'était pas sa première blessure et son état de santé l'obligea à quitter l'armée.

Il suivit alors les cours de philosophie de Gassendi — se faisant aussi remarquer pour des exploits moins philosophiques, en particulier le combat à la Porte de Nesle où, seul, pour défendre son ami Lignière, il fit deux morts, sept blessés et dispersa une troupe d'assaillants. Admiratif, le maréchal de Gassion lui offrit sa protection, que Cyrano refusa. (L'authenticité de l'interdiction de jouer faite au comédien Montfleury est en revanche incertaine.)

En 1645, la fortune paternelle ayant été sérieusement mise à mal par son mode de vie, atteint de la syphilis, Cyrano dut calmer ses diverses ardeurs et commença à écrire : *Le Pédant joué*, *L'Autre Monde*, roman utopique dont les audaces multiples lui font craindre la publication, des *Lettres*, satiriques ou « amoureuses ».

Après avoir, en 1649, publié une série de mazarinades, dont *Le Ministre d'État flambé*, il rompit brutalement en 1650 avec tous ses amis (Scarron, Dassoucy…) et se mit au service de Mazarin contre les Frondeurs. En 1653 paraissaient deux volumes de ses œuvres, tandis que sa tragédie de *La Mort d'Agrippine* était jouée à l'Hôtel de Bourgogne, avec un énorme scandale dû à un vers supposé blasphématoire. Dans des conditions demeurées mystérieuses, il reçut une poutre sur la tête et, soit des suites de cette blessure, soit surtout de la syphilis, Cyrano mourut, chrétiennement, le 28 juillet 1655.

Existence, on le voit, extrêmement chaotique, et dont Rostand à la fois respecte la ligne générale et retient des anecdotes pittoresques. Personnage marginal, brouillon, passablement suicidaire, ce ne fut pas un «homme de lettres», tant à cause de son tempérament que de la censure. Ses écrits oscillent entre la virtuosité littéraire gratuite et l'engagement politique et «philosophique». Il déconcerte : à la fois d'une absolue liberté dans l'invention de l'«autre monde» et la remise en question de la pensée reçue — et d'une vénalité complète lorsqu'il se vend à Mazarin (mais peut-être est-ce la liberté suprême).

Rostand *rend* bien la silhouette de Cyrano, avec le nez que son ami Dassoucy comparait à celui d'un perroquet, «de ces babillards jaunes et verts qu'on apporte de l'Amérique», avec son goût de la provocation et sa tendance à la verbosité. Mais il évacue complètement le Cyrano philosophe et penseur, athée, matérialiste ; le sentiment, l'amour platonique pour Roxane envahissent tout et trahissent la vérité profonde du personnage : homosexuel et, par ailleurs, rappelle F. Lachèvre[1], peu porté sur la «délicatesse de cœur». L'élément précieux qui entre dans l'œuvre de Cyrano ne s'y trouve, dans les *Lettres amoureuses*, qu'à titre dérisoire et parodique.

Le héros de Rostand est un être de fiction, c'est l'évidence même pour le lecteur ou le spectateur de bonne foi. Aussi bien n'y a-t-il guère à s'attarder sur les attaques hargneuses dont il fut l'objet, particulièrement celles lancées dès 1898 par Émile Magne dans *Les Erreurs de documentation de «Cyrano de Bergerac»* : son argumentation fondamentale est que la *Clorisse* de Baro ayant été créée en 1631, l'action de *Cyrano* aux

---

1. *Œuvres libertines de Cyrano de Bergerac*, éditées par F. Lachèvre, Champion, 1921, t. I, p. CXI.

quatre premiers actes se passe cette année-là — et que tout est faux, puisque Rostand croit que c'est en 1640 ! À ces assauts violents Rostand répondit de façon charmante, doucement ironique : « Soyez convaincu qu'il n'y a pas, dans *Cyrano*, un anachronisme que je ne connaisse parfaitement : je suis même certain, si complet que soit votre article, qu'il y en a un ou deux que je pourrais encore vous signaler. Mais il n'y en a pas tant que ça… Ceci est d'ailleurs, vous pensez bien, sans la *moindre importance*, [un poète] n'est inexact que lorsqu'il le veut. Et votre étude n'en doit pas moins être très intéressante et très amusante, et vous avez mille fois bien fait de saisir un prétexte de prouver une si jolie érudition[1]. »

La seule *erreur* de Rostand fut de donner la gloire à Cyrano ; les malentendus l'accompagnèrent alors inexorablement. Après sa mort, malgré le bref éloge de Boileau dans *L'Art poétique* (IV), saluant sa « burlesque audace », l'audience de Cyrano resta restreinte. Même son statut de libertin antichrétien ne put lui assurer la gloire au siècle des Lumières. Le romantisme le redécouvrit : significativement, c'est le personnage pittoresque (et non le « philosophe ») qui, comme chez Rostand, attira l'attention. Le premier à saluer Cyrano au XIXᵉ siècle fut Théophile Gautier, en 1834[2], dans un des portraits des *Grotesques*, et ces pages (dont on trouvera plus loin le début) révélèrent Cyrano au jeune Rostand.

Peu après Gautier, Charles Nodier à son tour, en 1838, publiait un article sur l'auteur du *Pédant joué*. Et c'est à lui qu'il peut revenir de conclure, par un aphorisme

---

1. Lettre utilisée comme préface à É. Magne, *Les Erreurs de documentation de « Cyrano de Bergerac »*, Éditions de la Revue de France, 1898.
2. Texte publié en feuilleton dès 1834, dix ans avant la publication des *Grotesques* en volume. Contrairement à ce qu'avance Lachèvre (*op. cit.*, p. CIX), Gautier a donc précédé Nodier.

(emprunté non à l'étude sur Cyrano, mais à *Jean-François Les-Bas-Bleus*) résolvant avec brio le problème de l'exactitude historique qui tourmenta si fort Émile Magne, et plusieurs autres : « *La vérité est inutile*[1]. »

LES AUTRES PERSONNAGES HISTORIQUES
DE LA PIÈCE

Christian : Rostand s'est inspiré de Christophe de Champagne, baron de Neuvillette, qui épousa Madeleine Robineau (Roxane) et mourut effectivement au siège d'Arras.

De Guiche : Antoine de Gramont, comte de Guiche, maréchal de France en 1641, était le neveu de Richelieu.

Ragueneau : Cyprien Ragueneau (1608-1654), d'abord pâtissier rue Saint-Honoré, fit faillite et devint comédien et poète ; en 1653, il était moucheur de chandelles chez Molière, où il tenait aussi de très petits rôles. Sa fille Marie (1639-1727) fut actrice, elle épousa La Grange.

Le Bret : Henri Le Bret fut dès l'enfance le grand ami de Cyrano ; ils étudièrent ensemble et ensemble s'engagèrent aux Cadets de Gascogne. Après la mort de Cyrano, Le Bret devenu chanoine publia la première édition de *L'Autre Monde* (version expurgée des *États de la lune et du soleil*) en 1657, avec une préface biographique.

Castel-Jaloux : effectivement capitaine d'une compagnie de Gascons, il fut (dit-on) le modèle de Cyrano pour le capitaine de Chasteaufort, dans son *Pédant joué*.

Lignière : François Payot de Lignière (1628-1704),

---

1. Derniers mots de *Jean-François les Bas-Bleus*, in Nodier, *Contes*, édition de Jean-Luc Steinmetz, Garnier-Flammarion, 1980, p. 428.

poète et libertin, auteur d'épigrammes, il fut attaqué par Boileau dans *L'Art poétique* (II, 194).

Montfleury : Zacharie Jacob, dit Montfleury, était l'un des plus célèbres acteurs de l'Hôtel de Bourgogne. Il produisit, en 1647, une *Mort d'Asdrubal*, tragédie « plagiée de toutes les autres » selon Cyrano. Il était fort gros, ce dont s'accommodaient mal certains rôles : d'où l'ironie de Molière sur sa « vaste circonférence » dans *L'Impromptu de Versailles* et les attaques violentes de Cyrano dans sa *Lettre à un gros homme*.

Bellerose : Pierre Le Messier (1592-1670) « orateur » de la troupe de l'Hôtel de Bourgogne ; il créa entre autres *Cinna*.

Jodelet : Julien Bedeau, dit Jodelet (1590-1660), acteur comique, populaire du fait de sa grande laideur.

Cuigy : ami de Cyrano, il participa à l'affaire de la Porte de Nesle.

Brissaille (Hector de) : poète à ses heures, ami de Cyrano à l'armée.

Roxane : Rostand créa son héroïne à partir de deux personnages différents, mais portant le même nom. La cousine de Cyrano, Madeleine Robineau, baronne de Neuvillette (1610-1657) se réfugia dans la piété (sans entrer au couvent) après la mort de son mari au siège d'Arras. Ce n'était pas une précieuse contrairement au second modèle de Rostand, Marie Robineau, connue dans le monde de la préciosité sous le nom de Roxane ; elle fut une grande amie de Mlle de Scudéry, auteur de la *Clélie* et du *Grand Cyrus* où Roxane figure sous le nom de Doralise : « on peut dire que ce n'est pas une personne ordinaire, car outre qu'elle a une beauté charmante, elle a un esprit admirablement divertissant… »

Rostand abrégea *Robineau* en *Robin*. Sa Roxane est un savant mélange des deux homonymes.

Mère Marguerite : fondatrice du couvent des Dames de la Croix, où se déroule le cinquième acte.

LES EMPRUNTS DE ROSTAND
À *L'AUTRE MONDE*
DE CYRANO DE BERGERAC

Le récit du voyage dans la lune (acte III, scène XIII) est en grande partie inspiré de *L'Autre Monde* de Cyrano, publié en 1657.

Nous donnons ici les principaux passages concernés.

Page 281.
V. 1649.

« Je m'étais attaché tout autour de moi quantité de fioles pleines de rosée, et la chaleur du Soleil qui les attirait m'éleva si haut qu'à la fin je me trouvai au-dessus des plus hautes nuées. Mais comme cette attraction me faisait monter avec trop de rapidité, et qu'au lieu de m'approcher de la Lune, comme je prétendais, elle me paraissait plus éloignée qu'à mon partement, je cassai plusieurs de mes fioles, jusques à ce que je sentis que ma pesanteur surmontait l'attraction et que je descendais vers la Terre. »

> (*L'Autre Monde*, éd. J. Prévot,
> Folio classique, p.47)

V. 1656.

« Huit jours durant je charpentai, je rabotai, je collai, enfin je construisis la machine que je vous vais décrire.

Ce fut une grande boîte fort légère et qui fermait fort juste ; elle était haute de six pieds ou environ, et large de trois en carré. [...]

Tout cela disposé de la sorte, je m'enfermai dedans, et j'y demeurai près d'une heure, attendant ce qu'il plairait à la Fortune d'ordonner de moi.

Quand le Soleil débarrassé de nuages commença d'éclairer ma machine, cet icosaèdre transparent qui recevait à travers ses facettes les trésors du Soleil, en répandait par le bocal la lumière dans ma cellule ; et comme cette splendeur s'affaiblissait à cause des rayons qui ne pouvaient se replier jusqu'à moi sans se rompre beaucoup de fois, cette vigueur de clarté tempérée convertissait ma châsse en un petit ciel de pourpre émaillé d'or.

J'admirais avec extase la beauté d'un coloris si mélangé, et voici que tout à coup je sens mes entrailles émues de la même façon que les sentirait tressaillir quelqu'un enlevé par une poulie.

J'allais ouvrir mon guichet pour connaître la cause de cette émotion ; mais comme j'avançais la main, j'aperçus par le trou du plancher de ma boîte, ma tour déjà fort basse au-dessous de moi ; et mon petit château en l'air […]. »

(Éd. citée, p. 1014-1016.)

V. 1659.

« La douleur de rencontrer l'ouvrage de mes mains en un si grand péril me transporta tellement que je courus saisir le bras du soldat qui l'allumait. Je lui arrachai sa mèche, et me jetai tout furieux dans ma machine pour briser l'artifice dont elle était environnée ; mais j'arrivai trop tard, car à peine y eus-je les deux pieds que me voilà enlevé dans la nue.

L'épouvantable horreur dont je fus consterné ne renversa point tellement les facultés de mon âme, que je ne me sois souvenu depuis de tout ce qui m'arriva dans cet instant. Vous saurez donc que la flamme ayant dévoré un rang de fusées (car on les avait disposées six à six par le moyen d'une amorce qui bordait chaque demi-douzaine), un autre étage s'embrasait, puis un autre, en sorte que le salpêtre embrasé éloignait le péril en le croissant. La matière toutefois étant usée fit que l'artifice manqua ; et lorsque je ne songeais plus qu'à laisser ma tête sur celle de quelque montagne, je sentis sans que je remuasse aucunement mon élévation continuer ; et, ma machine prenant congé de moi, je la vis retomber vers la Terre. »

(Éd. citée, p. 912.)

Page 282.
V. 1664.

« Comme donc je cherchais des yeux et de la pensée ce qui pouvait être la cause de ce miracle, j'aperçus ma chair boursouflée, et grasse encore de la moelle dont je m'étais enduit pour les meurtrissures de mon trébuchement ; je connus qu'étant alors en décours, et la Lune pendant ce quartier ayant accoutumé de sucer la moelle des animaux, elle buvait celle dont je m'étais enduit avec d'autant plus de force que son globe était plus proche de moi, et que l'interposition des nuées n'en affaiblissait point la vigueur. »

(Éd. citée, p. 912-913.)

DEUX SONNETS DE ROSTAND
SUR CYRANO

Une « enquête » avait montré que le héros littéraire le plus cher tant aux lecteurs qu'aux lectrices du Journal *était Cyrano, devant Jean Valjean et d'Artagnan. À cette occasion, Rostand donna les deux sonnets que voici :*

CYRANO, *à part,*
avec une émotion bourrue.

On m'aime, moi ?… Mordious !… Mais il serait hideux
D'allonger ce long nez d'une larme qui glisse.
« Déplaire est mon plaisir ; j'aime qu'on me haïsse ! »
Ai-je dit quelque part, — scène huit, acte deux.

Et qu'est-ce qui, d'ailleurs, me fait bien venir d'eux ?
S'ils n'aiment que mon air, sans voir le sacrifice
Devant quoi ma pudeur tire un feu d'artifice
De gaîté fanfaronne et de mots hasardeux ;

Si je ne leur ai plu que parce que je trempe
Le bas de mon manteau dans le bleu de la rampe
Et poignarde la herse avec mes trois plumets,

Que pour ma grande épée et mon verbe fantasque,
Que pour ce qui m'accoutre et pour ce qui me masque,
Je leur dis : « Serviteur ! » et je m'éloigne. — Mais

Se tournant vers ses amis inconnus.

Si vouloir être moi c'est ne pas craindre d'être
L'ennemi de la Chance et l'ami du Danger
Qui, niant une vie où tout peut s'arranger,
Croit à la vie où rien sans effort ne peut naître,

Celui qui fait monter un autre à la fenêtre
Et qui voulait déjà dans le ciel voyager,
L'idéaliste sans idéal mensonger,
Qui rêve en sachant voir, aime en osant connaître…

Si vous m'avez choisi parce que, jusqu'au bout,
Je me maîtrise — et parce que je meurs debout,
Tué par un lourdaud, mais ayant prévu l'Aile…

J'ajoute à ma gazette : « Aujourd'hui, vingt-six mai,
Monsieur de Bergerac, à soi-même infidèle,
Trouve très doux de plaire et très bon d'être aimé. »

THÉOPHILE GAUTIER :
« CYRANO DE BERGERAC »

Certains physiologistes prétendent que la longueur du nez est le diagnostic de l'esprit, de la valeur et de toutes les belles qualités, et qu'on ne peut être un grand homme si l'on n'a un grand nez. — Beaucoup de physiologistes femelles tirent aussi de la dimension de cette honnête partie du visage un augure on ne peut pas plus avantageux. — Quoi qu'il en soit, Socrate était camus : aussi Socrate avouait-il qu'il était né avec les dispositions les plus vicieuses, et qu'il ne tenait peut-être qu'à un peu de paresse qu'il ne fût un grand scélérat ; César, Napoléon ont un bec d'aigle au milieu de la figure ; le vieux Pierre Corneille a le promontoire nasal très développé. Voyez les médailles, voyez les portraits ; vous trouverez que les héros ont le nez proportionné à la grandeur de leur gloire et qu'il n'y en a point de punais. Ce qui fait que les nègres sont en général stupides, ce n'est pas qu'ils aient le crâne écrasé, le crâne n'y fait rien ; c'est qu'ils sont aussi camards que la mort elle-même. Les éléphants, qui ont de l'intelligence à faire rougir bien des poètes, ne doivent cet esprit qu'on leur voit qu'à la prodigieuse extension de leur nez ; — car leur trompe est un véritable nez de cinq ou six pieds de long. — Excusez du peu !

Cette nasologie pourra fort bien ne pas paraître très à sa place au commencement d'un article de critique littéraire ; — mais en ouvrant le premier volume de Bergerac, où se voit son portrait en taille douce, la dimension gigantesque et la forme singulière de son nez m'ont tellement sauté aux yeux que je m'y suis arrêté plus longtemps que la chose ne valait, et que je me suis laissé aller à ces profondes réflexions que l'on vient de lire et à beaucoup d'autres dont je fais grâce au lecteur.

Ce nez invraisemblable se prélasse dans une figure de trois-quarts dont il couvre entièrement le petit côté ; il forme, sur le milieu, une montagne qui me paraît devoir être, après l'Hymalaya, la plus haute montagne du monde ; puis il se précipite vers la bouche, qu'il obombre largement, comme une trompe de tapir ou un rostre d'oiseau de proie ; tout à fait à l'extrémité, il est séparé en deux portions par un filet assez semblable, quoique plus prononcé, au sillon qui coupe la lèvre de cerise d'Anne d'Autriche, la blanche reine aux longues mains d'ivoire. Cela fait comme deux nez distincts dans une même face, ce qui est trop pour la coutume. Quelques chiens de chasse offrent aussi cette conformation ; elle est le signe d'une grande bienveillance ; les portraits de saint Vincent de Paul ou du diacre Pâris vous montreront les types le mieux caractérisés de cette espèce de structure ; seulement le nez du Cyrano est moins pâteux, moins charnu dans le contour ; il a plus d'os et de cartilages, plus de méplats et de luisants, il est plus héroïque. Quant au reste de la figure, autant que ce nez triomphal permet de l'apercevoir, il m'a semblé gracieux et régulier : les yeux sont coupés en amande et fort noirs, ce qui leur donne un feu et une douceur surprenante ; les sourcils sont minces, quoique très-apparents ; la moustache, un peu fine et maigre, se perd avec l'ombre des commissures des

lèvres ; les cheveux à la mode des raffinés, tombent avec
grâce de chaque côté de la face. N'était le nez, ce serait
réellement un joli garçon. Ce nez malencontreux fut du
reste, pour Cyrano de Bergerac, une occasion de déployer
sa valeur dans des duels qui se renouvelaient presque tous
les jours. — Si quelqu'un avait le malheur de le regarder
et montrait quelque étonnement de voir un nez pareil,
vite il lui fallait aller sur le pré. — Et comme les duels de
ce temps-là ne finissaient pas par des déjeuners et que
Cyrano était un habile spadassin, on courait risque de
recevoir quelque bon coup d'épée au ventre et de rem-
porter son pourpoint percé de plus de boutonnières qu'il
n'en avait auparavant, ce qui fit qu'au bout de peu de
temps tout le monde trouva la forme du nez de Cyrano
excessivement convenable et que tout au plus quelque
provincial non encore usagé s'avisait d'y trouver le mot
à rire. Il n'est pas besoin d'ajouter que quelque bonne
botte poussée à fond apprenait bientôt à vivre au plaisant
si elle ne le tuait pas. Jusqu'ici il n'y a rien à dire, tout
homme doit faire respecter son nez, rien de mieux ; mais
Cyrano, non content de tuer ou de blesser grièvement
ceux qui ne paraissaient pas satisfaits de son appareil
olfactif, voulut établir comme principe que tout le monde
devrait avoir un grand nez, et que les camus étaient d'in-
formes avortons, des créatures à peine ébauchées et dont
la nature rougissait ; c'est dans le *Voyage à la lune* qu'il
avance ce singulier paradoxe : aux états de la lune s'il
naît un enfant camard, de peur qu'étant devenu grand il
ne perpétue cette abominable difformité, on a soin de lui
assurer une voix de soprano pour toute sa vie, et on le
met en état d'entrer sans danger au sérail du grand seigneur. Le mérite se mesure à la longueur du nez ; — l'on
est ou plus haut ou plus bas placé selon que l'on en a
plus ou moins. Sans nez, selon Cyrano, point de valeur,

point d'esprit, point de finesse, point de passion, rien de ce qui fait l'homme ; le nez est le siège de l'âme, c'est ce qui distingue l'homme de la brute, car aucun animal n'a le nez fait comme l'homme… Ah ! monsieur Savinien Cyrano de Bergerac ! il me semble que vous retournez un peu trop visiblement pour votre usage la fable du renard sans queue.

Je ne sais si la valeur de l'esprit et la passion dépendent de la configuration du nez : toujours est-il que Cyrano était vaillant, spirituel et passionné, et c'est la meilleure preuve qu'il put apporter de son système ; après cela reste à savoir s'il était vaillant, spirituel et passionné parce qu'il avait le nez grand, ou s'il avait le nez grand, parce qu'il était vaillant, spirituel et passionné : la poule naît-elle de l'œuf ou l'œuf de la poule ? — *that is the question* — de plus savants que moi décideront.

> (Théophile Gautier. *Les Grotesques*.
> Début du chapitre vi consacré
> à Cyrano de Bergerac.)

LA CRITIQUE

Nous donnons trois exemples de l'accueil critique fait à Cyrano de Bergerac, reflétant des attitudes fort différentes.

Critique théâtral du Temps, *porte-parole du public bourgeois le plus médiocre, Francisque Sarcey se posait en adversaire déterminé du symbolisme comme du réalisme : le vaudeville était son idéal, et Léon Gandillot son dieu. L'essentiel de ses longs feuilletons est toujours un ineffable résumé de l'intrigue ponctué de remarques familières (qu'immortalisa Alphonse Allais dans plusieurs pastiches). Son enthousiasme pour Cyrano, «joyeux soleil de la vieille Gaule», aux accents xénophobes appuyés, montre que l'on a pu admirer l'œuvre de Rostand pour les pires raisons : c'est peut-être même l'origine de son succès.*

Poète et dramaturge symboliste, A.-F. Herold, critique du Mercure de France, *attaque au contraire violemment la pièce; le triomphalisme et la bassesse d'un Sarcey expliquent cette attitude de la revue d'avant-garde. L'injustice n'en est pas moins flagrante, Herold faisant payer à Rostand des péchés qui ne sont pas les siens : ce qui le conduit par le biais des arguments de « vérité his-*

torique » à un ensemble de critiques à la fois dérisoires et fausses (par exemple sur la date de fondation du Mercure françois). C'est une bonne illustration de l'ostracisme dont Rostand a constamment souffert de la part des « intellectuels ».

La plus belle et la plus juste des critiques vint certainement de Jules Lemaitre, chroniqueur de la Revue des Deux Mondes. Prenant ses distances avec l'enthousiasme presque général, mais sans l'a priori de Herold, résigné, dit-il, à parler raisonnablement, il en apprécie d'autant mieux les raisons complexes d'aimer l'œuvre. De La Samaritaine déjà, il avait donné un compte rendu ironique mais sympathique — s'étonnant de la transposition en vers du Notre Père sur un ton digne de Sacha Guitry (« Pourquoi en vers, mon Dieu ? C'est si bien en prose ! »). On retrouve ici l'ironie, mais aussi une compréhension profonde : ainsi va-t-il à l'essentiel en soulignant le « mauvais goût » délectable. Un sourire léger, la libéralité de l'intelligence (chose rare dans la critique dramatique) font de ces pages une belle étude du Cyrano de Rostand.

Nous publions enfin une page curieuse de Victorien Sardou, auteur alors très célèbre de Madame Sans-Gêne. Il avait dans sa jeunesse écrit une version théâtrale du Bossu et se révolte ici contre le « panache » — surtout lorsqu'il conduit Cyrano, au premier acte, à interrompre la représentation de l'Hôtel de Bourgogne ! Cette réaction pleine de bon sens donne une page amusante.

I. FRANCISQUE SARCEY

[…] *Cyrano de Bergerac* est une très belle œuvre, et le succès d'enthousiasme en a été si prodigieux que, pour trouver quelque chose de pareil, il faut remonter jusqu'aux récits que nous ont faits des premières représentations de Victor Hugo les témoins oculaires. C'est une œuvre de charmante poésie, mais c'est surtout, et avant tout, une œuvre de théâtre. La pièce abonde en morceaux de bravoure, en motifs spirituellement traités, en tirades brillantes : mais tout y est en scène ; nous avons mis la main sur un auteur dramatique, sur un homme qui a le don.

Et ce qui m'enchante plus encore, c'est que cet auteur dramatique est de veine française. Il nous rapporte du fond des derniers siècles le vers de Scarron et de Regnard ; il le manie en homme qui s'est imprégné de Victor Hugo et de Banville ; mais il ne les imite point ; tout ce qu'il écrit jaillit de source et a le tour moderne. Il est aisé, il est clair, il a le mouvement et la mesure, toutes les qualités qui distinguent notre race.

Quel bonheur ! quel bonheur ! Nous allons donc être enfin débarrassés et des brouillards scandinaves et des études psychologiques trop minutieuses, et des brutalités voulues du drame réaliste. Voilà le joyeux soleil de la vieille Gaule qui, après une longue nuit, remonte à l'horizon. Cela fait plaisir ; cela rafraîchit le sang !

Cyrano de Bergerac, c'est une comédie d'aventures, coupée avec une merveilleuse adresse en tableaux très variés, mais que relie le fil d'une même idée. Cette idée, je pourrais tout de suite vous la mettre en main ; j'aime mieux que nous la trouvions ensemble au cours de la promenade que nous allons faire à travers les tableaux.

Oh ! que le premier est amusant et grouillant ! Comme vous aurez tort de dîner trop tard et de vous dire : « Bah ! je comprendrai toujours ! »

[...]

Le dernier acte s'ouvre quatorze ans plus tard. Roxane

s'est retirée dans un couvent; elle porte toujours les habits de veuve. Cyrano, vieux, pauvre, malingre, mais toujours plein de bonne humeur, la vient voir tous les après-midi. Il lui conte les anecdotes de la veille : elle lui parle de Christian, de la dernière lettre qu'il lui a écrite et qu'elle a conservée.

— Tenez ! lisez-la, lui dit-elle.

Il commence à la lire ; mais le soir tombe, et Cyrano continue de lire. Elle était de lui ; il la sait par cœur.

— Eh quoi ! c'était vous ! s'écrie-t-elle. Mais pourquoi avoir gardé ce secret ?

— J'avais mis mon cœur dans cette lettre, répond Cyrano ; Christian y avait mis son sang.

Ne vous étonnez pas de ces subtilités de sentiments ; elles sont de l'époque. C'est du marivaudage héroïque.

Cyrano meurt après une assez longue agonie où le délire le prend. Je souhaiterais que l'on raccourcît cette fin, qui n'a d'autre utilité, je crois, que de fournir à Coquelin l'occasion de « faire sa Sarah » en scène.

[...]

3 janvier 1898.
(*Quarante ans de Théâtre*,
t. VIII, pp. 223-232.)

II. ANDRÉ-FERDINAND HEROLD

De *Cyrano de Bergerac*, pièce en cinq actes et en vers, de M. Edmond Rostand, on ne peut dire grand chose. À la représentation de cette œuvre eût été préférable une reprise du *Bossu* ou de quelque autre mélodrame conçu dans la même poétique que la pièce de M. Rostand, mais plus ingénieusement imaginé et moins déplorablement écrit. Dans *Cyrano de Bergerac*, une intrigue quelconque (elle ne commence, d'ailleurs, qu'au second acte) relie entre eux les épisodes nécessaires aux pièces de cape et d'épée : duel, escalade de balcon, mariage secret, bataille, etc. Il y a aussi l'aventure du mari qui doit partir pour la guerre la nuit même de ses noces. Un personnage providentiel est là pour intervenir sans cesse en faveur des amants : ainsi qu'il sied, d'ailleurs, il est lui-même amoureux de l'héroïne, mais comme il est laid et comme son amour est sans espoir, il ne cherche qu'à faire le bonheur de celle qui ne le comprend pas. Ce personnage s'appelle Cyrano de Bergerac : M. Rostand aurait pu lui donner aussi bien un autre nom, Lagardère ou d'Artagnan. Cela même eût mieux valu : l'auteur n'eût pas été tenté de défigurer, en un médiocre récit, l'étonnante *Histoire comique des États et Empires de la Lune*, et n'eût pas commis les interminables plaisanteries sur le nez de son héros. [...]

Il faut, pourtant, être juste envers M. Edmond Rostand, et lui reconnaître un talent singulier : il est un art, en effet, qu'a perfectionné l'auteur de la *Princesse lointaine*, de la *Samaritaine* et de *Cyrano de Bergerac* : c'est l'art de mal écrire.

M. Edmond Rostand est le plus excellent cacographe dont puissent, aujourd'hui, s'enorgueillir les lettres françaises : aussi commence-t-il à être compté parmi les poètes patriotes. Il ne se contente pas, comme presque tous les auteurs dramatiques, d'écrire en une langue quelconque, et il ne lui suffit pas, pour rendre la banalité de sa pensée, d'employer les mots usuels. Il semble que M. Rostand ait compulsé de copieux vocabulaires, et en ait extrait un recueil de mots vagues et inharmoniques ; ces mots, il les place au hasard, et le plus souvent là où ils sont impropres. Je ne crois pas qu'aucun écrivain ait eu, jamais, une telle horreur de l'expression juste. En outre, il connaît mille moyens de torturer la phrase : il n'est pas d'inversion désagréable et illogique qu'il ne pratique avec joie, et l'on dirait que son suprême bonheur est d'introduire dans un vers les formes syntaxiques spéciales aux commerçants. D'ailleurs, il ne dédaigne pas les incorrections. Ses images, enfin, sont étranges : il est bien rare qu'elles ne soient fausses, ou, tout au moins, arbitraires, comme en ces deux vers :

Et, pareille en tous points à la fraise espagnole,
La haine est un carcan, mais c'est une auréole.

M. Rostand versifie aussi mal qu'il écrit. Parce que de nobles poètes ont libéré l'alexandrin des règles anciennes, et démontré, par de belles œuvres, que son harmonie ne dépend pas de la place rigoureuse des césures, M. Rostand s'imagine que, pour faire des vers, il suffit de mettre une rime toutes les douze syllabes. Le résultat de ce système est que le plus souvent les personnages de *Cyrano de Bergerac* ne s'expriment qu'en une prose lourde et peu claire. Du reste, M. Rostand prouve toute la pauvreté de son génie de versificateur quand il se risque à écrire des poèmes à forme fixe, ballade ou triolets.

Enfin, de même qu'il adore les sensibleries banales, M. Rostand se plaît aux plaisanteries médiocres et faciles ; et, doué de tant de qualités, il a, en écrivant *Cyrano de Bergerac*, écrit un chef-d'œuvre de vulgarité.

[...]

(*Mercure de France*, février 1898,
pp. 593-595.)

III. JULES LEMAITRE

[...] Est-il vrai que cette comédie « ouvre un siècle » ou, plus modestement, qu'elle « commence quelque

chose », — comme *Le Cid*, comme *Andromaque*,
comme *L'École des femmes*, comme *La Surprise de
l'amour*, comme *Le Mariage de Figaro*, comme *Hernani*, comme *La Dame aux Camélias* ?

Je serais plutôt tenté de croire que le mérite de cette
ravissante comédie, c'est, sans rien « ouvrir » du tout (au
moins à ce qu'il me semble), de prolonger, d'unir et de
fondre en elle sans effort, et certes avec éclat, et même
avec originalité, trois siècles de fantaisie comique et de
grâce morale, — et d'une grâce et d'une fantaisie qui
sont « de chez nous ».

Car, dans le premier acte, tout ce joli tumulte de
comédiens et de poètes, de « précieux » et de « burlesques », de bourgeois, d'ivrognes, et de tire-laine, et de
la gentilhommerie et de la bohème littéraire du temps de
Louis XIII, qu'est-ce autre chose qu'un rêve du bon
Gautier, réalisé avec un incroyable bonheur, et dont l'auteur du *Capitaine Fracasse* a dû éprouver là-haut (où
certainement il est) un émerveillement fraternel ? Cyrano
n'a-t-il point, avec le style du Matamore de *l'Illusion* et
de Don Japhet d'Arménie, l'allure de Rodrigue et de don
Sanche ? Scarron n'eût pas su pousser d'une telle haleine
ni avec cette abondance d'images l'éblouissant couplet
de Cyrano sur son propre nez ; et la ballade du duel fait
songer à du Saint-Amand revu par Théodore de Banville
assisté de Jean Richepin.

Ainsi, pour résumer tout ce que j'ai indiqué, si l'on par-
court la série des formes de sentiment et d'art dont
M. Edmond Rostand s'est harmonieusement ressouvenu,
on verra que cela va du roman d'Honoré d'Urfé et des
premières comédies de Corneille au *Capitaine Fracasse*
et à la *Florise* de Banville, en passant par l'hôtel de Ram-
bouillet, par Scarron et les burlesques, — par Regnard
même, un peu, si l'on regarde le style, et, si l'on fait atten-

tion à la grâce romanesque des sentiments, par *Le Prince travesti* de Marivaux, — et enfin par *La Métromanie*, par le quatrième acte de *Ruy Blas*, par *Tragaldabas* lui-même, et par les romans de Dumas l'ancien. Si bien que *Cyrano de Bergerac*, loin d'être un renouvellement, est plutôt une récapitulation, ou, si vous préférez, est comme la floraison suprême d'une branche d'art tricentenaire.

[...] Tout, dans *Cyrano*, est rétrospectif; tout, et même le romantisme moderne qui vient s'ajuster si aisément aux imaginations du romantisme de 1630; rien, dis-je, n'appartient à l'auteur, excepté le grand et intelligent amour dont il a aimé ces visions passées; excepté cette mélancolie voluptueuse dont il teint çà et là, dans ses trois derniers actes, ces choses d'autrefois; excepté enfin ce par quoi il est un si habile dramatiste et un si rare poète.

Et c'est sans doute pourquoi, — tandis que beaucoup de gens, et qui n'étaient pas tous des sots, ont parfaitement résisté au *Cid*, à *Andromaque*, à *L'École des femmes*, à *Hernani*, qui apportaient en effet « du nouveau » et dont il se pourrait que le contenu moral fût plus considérable, après tout, que celui de *Cyrano de Bergerac*, — aucune voix discordante n'a troublé l'applaudissement universel qui a salué la pièce de M. Rostand. Il manque donc, tout au moins, à ce trop heureux ouvrage une des marques accessoires auxquelles on distingue empiriquement les œuvres inauguratrices. Il lui manque d'être incompris (ce dont j'imagine que l'auteur se console facilement). Si le public tout entier a fait à *Cyrano* une telle fête, c'est bien qu'il en sentait la grâce, mais c'est aussi qu'il la « reconnaissait » et qu'il y retrouvait, dans un surprenant degré de perfection, un genre d'invention et de poésie contemporain, si l'on peut dire, de deux ou trois siècles, et dont il était déjà obscurément informé. Tout nous charme dans *Cyrano*, et rien ne vous y offense : mais rien aussi n'y répond à la partie la plus sérieuse de nos préoccupations intellectuelles et morales ; et, s'il était vrai que cette très brillante comédie romanesque «ouvrît le xxe siècle», c'est donc que le xxe siècle serait condamné à quelque rabâchage.

[...]

Les vers de M. Edmond Rostand étincellent de joie. La souplesse en est incomparable. C'est quelquefois (et je ne m'en plains pas) virtuosité pure, art de mettre en vers n'importe quoi, spirituelles prouesses et «réussites» de versification : mais c'est, plus souvent, une belle ivresse de couleurs et d'images, une poésie ensoleillée de poète méridional, si méridional qu'il en paraît presque persan ou indou. Des gens difficiles ont voulu relever dans ses vers des négligences et de l'à-peu-près. Je n'en ai point vu autant qu'ils l'ont dit ; d'ailleurs cela échappe à l'audition, et, au surplus, tout est sauvé par le mouvement et par la grâce. M. Rostand a continuellement des métaphores et des comparaisons «inventées», d'une affectation savoureuse et d'un «mauvais goût» délectable ; il parle le plus naturellement du monde le langage des précieux et celui des burlesques, qui est le même dans son fond ; et ce qui m'avait offensé dans *La Samaritaine* me ravit ici par son étroite convenance avec le sujet.

[...]

(*Revue des Deux Mondes*, 1er février 1898.)

IV. VICTORIEN SARDOU
LES DUELLISTES :
LAGARDÈRE, LE BOSSU, CYRANO

J'ai la sainte horreur de ce personnage sympathique à panache dont le seul mérite est d'être très fort en escrime et qui en abuse pour être d'une vanité et d'une insolence insupportables.

J'ai écrit le rôle de Lagardère avec une envie constante de lui flanquer des coups de pied au cul, en échange de sa botte de Nevers.

Et quand j'ai retrouvé ce Lagardère dans Cyrano, le même désir m'a pris.

Il n'est rien de plus odieux que l'attitude de ce goujat qui, abusant de sa force à l'escrime, vient insolemment défendre à un pauvre comédien de paraître sur la scène! sous prétexte que son jeu lui déplaît! Il est absurde, contraire à l'Histoire jusqu'à en crier, de montrer Richelieu, l'homme qui coupait les têtes pour fait de combat singulier, admettre cela, et l'approuver. Il est scandaleux que toute l'assistance ne jette pas hors de la salle le goujat! Je voudrais bien que les mêmes spectateurs qui applaudissent à cette scène qui, pour ma part, me révolte, vissent les mêmes choses se produire dans une de nos salles de théâtre! Les cris «à la porte!» auraient bientôt fait de délivrer la salle de ce faquin et le même Coquelin qui l'incarne serait le premier à approuver le bon public.

On appelle cela le panache.

Le panache, c'est la vraie vaillance, celle du soldat. Mais ça? Une bravoure de duelliste.

Et quel peuple d'imbéciles que ce peuple dont on vante pourtant l'esprit!

(*Les Papiers de Victorien Sardou*,
éd. G. Mouly, Albin Michel, 1934.)

PRINCIPALES REPRÉSENTATIONS
ET ADAPTATIONS

Une monotonie menace, dans la carrière de *Cyrano*, rançon d'un succès immédiat et universel, trop aisé : l'approche et la mise en scène n'ont guère évolué, demeurant dans l'ordre du grand spectacle — amples décors colorés, « reconstitution », figuration nombreuse, alexandrins claironnés (comme certes ils s'y prêtent !) : pour autant qu'on en puisse juger, toutes les présentations de la pièce se ressemblent sur ces points. L'intérêt serait grand pourtant d'une mise en scène critique, n'allant pas uniquement dans le sens de la facilité du drame historique, mais jouant des contradictions, des faiblesses de Rostand, ce par quoi son œuvre lui échappe et nous retient. Autrement, *Cyrano* tend toujours plus à devenir l'exercice de mémoire collective qu'évoque un célèbre interprète du rôle, Jean Piat :

« Combien de fois, jouant *Cyrano*, j'entendais les répliques de chute arriver avant moi. Il y avait toujours, au deuxième ou au troisième rang, un grand-père qui voulait absolument prouver à son petit-fils que sa mémoire fonctionnait encore très bien.

MOI : — Ne pas monter bien haut, peut-être...

LE GRAND-PÈRE : — ... mais tout seul !
Je n'avais pas encore eu le temps de le dire[1]. »

En France, les reprises se sont succédé de façon relativement régulière. Après la création par Coquelin le 28 décembre 1897 à la Porte Saint-Martin, la première reprise parisienne importante eut lieu dans ce même théâtre en 1913, Le Bargy jouant le rôle-titre.

Trois interprètes marquèrent l'entre-deux-guerres : Victor Francen, Pierre Fresnay et André Brunot. Fresnay (1928 au théâtre Sarah-Bernhardt) renouvela le rôle, gommant l'aspect noir et un peu geignard, donnant un Cyrano jeune, bondissant.

André Brunot fut le créateur du rôle à la Comédie-Française où la pièce entra le 19 décembre 1938. Marie Bell y jouait Roxane, dans les décors et costumes de Christian Bérard, et la mise en scène de Pierre Dux.

Dans les années récentes, plusieurs productions marquèrent l'histoire de l'œuvre : en 1954, au théâtre des Nations fut présentée une splendide version italienne, mise en scène par Raymond Rouleau, dont Lila de Nobili avait dessiné décors et costumes. Gino Cervi était Cyrano ; Pierre Dux reprit le rôle en français.

Il y eut une reprise importante à la Comédie-Française le 8 février 1964 : Jean Piat y alternait avec Paul-Émile Deiber ; Jacques Dupont en fut le décorateur, Jacques Charon le metteur en scène. Une partition avait été demandée à Marcel Landowski. Le 1er octobre 1983, au théâtre Mogador, Jacques Weber reprenait *Cyrano* avec un immense succès dans une mise en scène très classique de Jérôme Savary. À son tour Jean-Paul Belmondo interpréta *Cyrano*, dirigé par Robert Hossein au théâtre Marigny (1990).

1. Jean Piat, *Les Plumes des paons*, Plon, 1980, p. 300-301.

Il serait fastidieux de faire le catalogue international des créations de *Cyrano*. Dès 1898, il était joué, par exemple, au théâtre de la Société littéraire et artistique de Saint-Pétersbourg (avec Tinski en Cyrano et la célèbre Javorskaja en Roxane). La même année, aux États-Unis, Jack London assiste à une représentation qui l'enthousiasme : « Plusieurs morceaux semblent contenir mes propres pensées, mes propres sentiments[1]. »

Une seule production paraît avoir suscité le scandale : à Cologne, le 31 octobre 1968, la mise en scène d'Otto Tausig entraîna, pour l'image qu'elle donnait de la guerre des manifestations d'associations d'anciens combattants.

MUSIQUE

Dans sa conception même, la pièce de Rostand évoque souvent le théâtre lyrique. Il n'est pas étonnant que le sujet ait attiré les musiciens ; mais aucune œuvre majeure ne naquit de ces rencontres. Le 27 février 1913, le Metropolitan Opera de New York créa le premier opéra sur *Cyrano*, dû à l'Américain Walter Damrosch, avec un livre de W. J. Henderson. C'est à l'opéra de Rome que fut créé le *Cyrano* de Franco Alfano (disciple de Puccini) le 22 janvier 1936. Le texte avait été adapté par Henri Cain (qui fit le même travail pour *L'Aiglon* d'Ibert et Honegger). Deux autres *Cyrano* lyriques furent créés récemment : celui du compositeur estonien Eino Tamberg, joué en 1974, et celui du Belge Paul Danblon, que Gabriel Bacquier interpréta au Festival de Liège en mai 1980.

1. Jack London, *Profession : écrivain*, collection 10/18, p. 159 (lettres à Cloudesley Johns, avril 1899, sur des représentations de l'année précédente).

La pièce inspira aussi au compositeur italien Aldo Finzi (1897-1945) son poème symphonique *Cyrano de Bergerac* qui fut joué pour la première fois en 1929 au Maggio musical de Florence.

CINÉMA

On recense plusieurs versions cinématographiques de *Cyrano* :

— une version italienne d'Augusto Genina avec Pierre Magnier, en 1923 : un Cyrano muet, chose au moins paradoxale…

— un film français de F. Rivers, avec Claude Dauphin, en 1945.

— un fil américain de M. Gordon, en 1951, avec José Ferrer.

Avec ce dernier, Orson Welles avait dès 1947 projeté une adaptation, dont Alexandre Trauner dessina les décors. Mais le projet n'aboutit malheureusement pas.

En 1990, Gérard Depardieu obtint un grand succès dans le *Cyrano* dirigé par Jean-Paul Rappeneau, avec Anne Brochet (Roxane) et Vincent Pérez (Christian), le texte de la pièce étant légèrement remanié par Jean-Claude Carrière.

TÉLÉVISION

Daniel Sorano (Cyrano), Françoise Christophe (Roxane) et Michel Le Royer (Christian) furent les interprètes de la pièce, réalisée en 1960 par Claude Barma, dans les décors de Paul Pélisson et avec une musique de Jean Marion.

BIBLIOGRAPHIE

L'édition originale de *Cyrano de Bergerac* parut chez Charpentier et Fasquelle, quelques semaines après la création de décembre 1897. Nous publions le texte revu par Rostand pour l'édition des *Œuvres complètes illustrées* chez P. Laffitte et Cie, en 1910, qui fait autorité.

Nous indiquons un choix d'éditions, d'articles ou de volumes concernant l'auteur et son œuvre, ainsi que quelques titres à propos du Cyrano historique. La meilleure introduction à son univers tel que le rêva Rostand serait certainement *Les Trois Mousquetaires* d'Alexandre Dumas.

I. Sur Edmond Rostand

Cyrano de Bergerac, préface de Maurice Pons, Le Club du Meilleur livre, 1959 (illustrations, dont plusieurs lettres de Rostand et Coquelin).

Cyrano de Bergerac, edited by E. A. Bird, Methuen's 19th Century French Plays ; Methuen, Toronto-London, 1968.

Cyrano de Bergerac, édition de J. Truchet, ill. de

J. D. Malclès, «Lettres françaises», Imprimerie Nationale, 1983 (contient une très riche documentation).

Blanchard (A.). «Rostand et la poésie baroque», *Points et Contrepoints*, n° 109 (décembre 1973).

Dussane (B.). *Dieux des planches*, collection «1900 vécu», Flammarion, 1964.

Gérard (R.). *Edmond Rostand*, Bibliothèque Charpentier, 1935.

Gourmont (R. de). «Le Bonheur littéraire : M. Edmond Rostand» in *Promenades littéraires*, Mercure de France, 6e édition (1916).

Haugmard (L.). *Edmond Rostand*, «Les célébrités d'aujourd'hui», Sansot, 1910.

Jehan-Rictus. *Un «bluff» littéraire. Le cas Edmond Rostand*, Sevin et Rey, 1903.

Magne (É.). *Les Erreurs de documentation de «Cyrano de Bergerac»*, Éditions de la Revue de France, 1898.

Marquet (M.). *Ce que j'ose dire...*, Jean Dullis, 1974.

Migeo (M.). *Les Rostand*, Stock, 1973.

Renard (J.). *Journal*, éd. L. Guichard et G. Sigaux, Bibliothèque de la Pléiade, 1960.

Ripert (E.). *Edmond Rostand*, Hachette, 1968.

Robichez (J.). *Le Symbolisme au théâtre, Lugné-Poe et les débuts de l'Œuvre*, L'Arche, 1957.

Skinner (C.O.). *Madame Sarah Bernhardt*, adaptation de Philippe Jullian, Fayard, 1968.

Vernois (P.). «Architecture de *Cyrano de Bergerac*», *Travaux de Linguistique et de Littérature de l'Université de Strasbourg*, IV, 2, 1966.

Weber (J.). *À Vue de nez*, Mengès, 1985.

II. Sur Cyrano de Bergerac et son temps

Les Œuvres libertines de Cyrano de Bergerac, éditées par F. Lachèvre, H. Champion, 1921, 2 vol.

Cyrano de Bergerac, *Œuvres complètes*, éditées par J. Prévot, Librairie Belin, 1977.

Adam (A.). *Histoire de la littérature française au XVIIᵉ siècle*, t. I, *L'Époque de Louis XIII et de Richelieu*, Del Duca, 1962.

Dumas (A.). *Les Trois Mousquetaires. Vingt ans après*, éd. par G. Sigaux, Bibliothèque de la Pléiade, 1962.

Gautier (Th.). *Les Grotesques*, Desessart, 1844.

Mongrédien (G.). *Cyrano de Bergerac*, Berger-Levrault, 1964.

Somaize. *Dictionnaire des Prétieuses*, Bibliothèque Elzévirienne, 1856.

Tallemant des Réaux. *Historiettes*, éd. par A. Adam, Bibliothèque de la Pléiade, 1960 et 1961, 2 vol.

RÉSUMÉ

ACTE I

Au théâtre de l'Hôtel de Bourgogne, en 1640. Une représentation se prépare (1). Nouveau venu à Paris, le beau Christian cherche l'identité de l'inconnue qu'il aime : c'est Roxane, une précieuse, courtisée aussi par de Guiche, un grand seigneur (2). La représentation commence, violemment interrompue par Cyrano, qui interdit à l'acteur Montfleury de paraître en scène ! La salle est divisée sur son attitude et Cyrano mouche un fâcheux mécontent (tirade des nez) avant de se battre en duel avec un autre en improvisant une ballade (4). Il avoue à son ami Le Bret être amoureux de sa cousine Roxane, sans que sa laideur lui laisse le moindre espoir (5). Justement, Roxane lui fixe rendez-vous le lendemain : exalté, Cyrano part affronter seul cent hommes qui ont tendu un guet-apens à son ami Lignière à la Porte de Nesle (7).

ACTE II

La pâtisserie de Ragueneau, le lendemain. Cyrano vient au rendez-vous : il veut dire son amour à Roxane

(2). Celle-ci arrive et demande son aide à Cyrano : il devra protéger le beau jeune homme qu'elle aime et qui doit entrer le jour même aux Cadets de Gascogne, le régiment de Cyrano. L'amour de celui-ci est donc sans espoir... Il promet d'aider Christian (6). Survient une foule célébrant le combat prodigieux de Cyrano qui a eu lieu la veille. Le récit qu'il en fait est interrompu par les provocations d'un jeune inconnu, qui se révèle être Christian. Cyrano lui promet de l'aider à cacher son manque d'esprit devant la précieuse Roxane (10).

ACTE III

Devant la maison de Roxane, dans le Marais, quelques semaines plus tard. De Guiche courtise Roxane et lui apprend qu'il part au siège d'Arras avec ses troupes ; elle le convainc de ne pas emmener les Cadets (2). Christian refuse l'aide de Cyrano pour parler à Roxane ; mais il ne dit que platitudes, et la jeune femme s'offusque, rentrant chez elle (5). Quand elle paraît au balcon, Cyrano sauve la situation. Parlant dans l'ombre pour Christian, il la reconquiert... et Christian se glisse chez Roxane (7). Elle décide un mariage impromptu, organisé chez elle (11), tandis que Cyrano retient de Guiche revenu en lui racontant son voyage dans la lune (13). Lorsqu'il découvre la vérité, de Guiche, furieux, envoie les Cadets à Arras : il n'y aura pas de nuit de noces.

ACTE IV

Au siège d'Arras. Cyrano remonte le moral des Cadets affamés (3). Pour se venger, de Guiche leur donne à défendre une position désespérée (4). Comme une fée, Roxane surgit dans un carrosse chargé de victuailles : c'est la fête avant la mort annoncée (5). Roxane explique à Christian que ses lettres (écrites par Cyrano) l'ont bouleversée, qu'elle l'aime désormais non pour sa beauté, mais pour les choses profondes qu'il sait si bien dire. Comprenant que c'est Cyrano qu'elle aime sans le savoir, Christian court se faire tuer.

ACTE V

Quinze ans après, au couvent où s'est retirée Roxane. On attend Cyrano qui vient régulièrement rendre visite à sa cousine (1). Ragueneau apprend à Le Bret que Cyrano vient d'être gravement blessé — vengeance d'un grand seigneur (3). Dissimulant sa blessure, Cyrano vient à son rendez-vous. Roxane et lui évoquent Christian, et Roxane comprend soudain la vérité : Cyrano était l'auteur des lettres et l'aimait en secret (5). Après l'aveu de son amour, Cyrano meurt, exaltant une dernière fois le « panache ».

CYRANO DE BERGERAC

DOSSIER

DU MÊME AUTEUR

Dans la même collection

L'AIGLON. *Édition présentée et établie par Patrick Besnier.*

Impression Novoprint
à Barcelone, le 28 février 2008
Dépôt légal : février 2008
Premier dépôt légal dans la collection : avril 1999

ISBN 978-2-07-040931-0./Imprimé en Espagne.

159271